本书得到吉林省教育科学规划重点课题《统计学视角下中
统计内容对比研究》（课题批准号 ZD20029）资助

基于认知诊断的
小学统计知识学习进阶研究

贾　冰

吉林大学出版社
·长春·

图书在版编目（CIP）数据

基于认知诊断的小学统计知识学习进阶研究 / 贾冰
著 . -- 长春 : 吉林大学出版社 , 2024. 10. -- ISBN
978-7-5768-4244-9

Ⅰ . G623.502

中国国家版本馆 CIP 数据核字第 2024B4P017 号

书　　名：基于认知诊断的小学统计知识学习进阶研究
JIYU RENZHI ZHENDUAN DE XIAOXUE TONGJI ZHISHI XUEXI JINJIE YANJIU

作　　者：贾　冰
策划编辑：李承章
责任编辑：杨　平
责任校对：代景丽
装帧设计：云思博雅
出版发行：吉林大学出版社
社　　址：长春市人民大街 4059 号
邮政编码：130021
发行电话：0431-89580036/58
网　　址：http://www.jlup.com.cn
电子邮箱：jldxcbs@sina.com
印　　刷：北京北印印务有限公司
开　　本：787mm × 1092mm　　1/16
印　　张：13.25
字　　数：210 千字
版　　次：2025 年 3 月　第 1 版
印　　次：2025 年 3 月　第 1 次
书　　号：ISBN 978-7-5768-4244-9
定　　价：72.00 元

摘要

统计知识是小学数学知识的重要组成部分。1986年，在全国中小学教材审定委员会成立大会上，原国家教委（教育部前身）明确了“一纲多本”的中小学教材编选原则。2001年，教育部颁布的《基础教育课程改革纲要（试行）》规定“实行国家基本要求指导下的教材多样化政策”，“一纲多本”正式实施。研究表明，我国不同版本的小学数学教科书对统计知识的选取和编排顺序存在差别。《义务教育课程方案（2022年版）》指出，教科书编写要“关注学生认知发展特点”。因此，探索小学生统计学习的认知规律符合时代需求。

学习进阶是链接教与学的有力工具，是学生认知过程的一种体现。本书的学习进阶由学习进阶路线和学习进阶水平构成。学习进阶路线是指学生在学习知识的过程中体现出来的从简单知识到复杂知识的知识序列；学习进阶水平是依据学生能力对学习进阶路线划分得到的不同等级。本研究构建了小学统计知识学习进阶测评试卷，共抽取西部地区、东部地区、中部地区和东北地区12个城市共计2671名学生进行测试，有效回收2272份试卷。通过试卷获取数据，借助认知诊断理论，获得小学生在11个知识点上的学习进阶路线和水平，从而对小学生学习统计知识的过程进行描述。通过研究得到以下结论：

第一，小学生学习统计知识可以分为两条学习进阶路线，一条为主要进阶路线，一条为次要进阶路线。其中主要进阶路线的知识点学习次序是分类→象形统计表→简单统计表→复式统计表→随机性→柱形图→折线统计图→平均数→频数分布直方图→百分率→扇形统计图。次要进阶路线为折线统计图→象形统计表→随机性→柱形图或条形图→分类→平均数→简单统计表→复式统计表，随后显示出一定的复杂性，既可以是百分率→频数分布直方图→扇形统计图，也可以是扇形统计图→百分率→频数分布直方图，或者扇形统计图→频数分布直方图→百分率。选择这条进阶路线的学生体现出先认识简单统计图，然后在统计图中体会随机性，最后学习复杂的统计图表和统计量的特征。本结论有助于未来探讨不同版本教科书统计知识内容次序的差异。

第二，依据学生掌握知识点个数可以判断其水平。其中水平一是学习起点，学生没有掌握任何知识点；水平二的学生只掌握 1 个知识点；水平三的学生可以掌握 2 ～ 3 个知识点；水平四的学生可以掌握 4 ～ 6 个知识点；水平五的学生可以掌握 7 ～ 9 个知识点；水平六的学生可以掌握 10 个以上的知识点。同一水平学生的能力差异较小。

第三，学生对统计知识的掌握概率大小次序和知识的讲授顺序不一致。在我国的教科书编排中，折线统计图安排在五年级。但本研究的数据表明，折线统计图的掌握概率达到 0.69，只比排在第一位的随机性掌握概率少 0.05。这说明对学生而言，折线统计图属于容易掌握的知识点。另外，尽管在绝大多数版本的教科书编排中，频数分布直方图安排在初中，但学生对其掌握概率却要优于百分数和扇形统计图。

第四，在小学阶段，扇形统计图的学习难度最大。通过对数据分析发现，学生在扇形统计图上的掌握概率最低。扇形统计图的平均掌握概率仅有 0.49，也是唯一一个学生平均掌握概率低于 0.5 的知识点。

第五，除扇形统计图外，学生对统计图的整体掌握情况优于统计表。本研究表明，学生在统计图（扇形统计图除外）上的掌握概率高于在统计表上的掌握概率。这说明图形比单纯的文字更容易传达信息。而现行教科书多把统计表置于统计图之前。

第六，分析了小学统计知识学习现状。通过本研究发现我国小学统计知识的学习现状有两个需要注意的特征：第一，学生对扇形统计图的掌握概率最低，需要在教学中得到进一步的重视；第二，从整体上看，学生对统计图的掌握要优于统计表。低水平学生对折线图的掌握优于预期，高于统计表，体现出学生对统计图的直观理解高于预想。

最后，本书提出了四条建议：在未来的研究中可以探索个性化统计学习进阶；优化扇形统计图的教学设计；探讨小学统计知识点的教学顺序；继续加强对学习进阶理论的重视。

本书以认知诊断为工具，深入剖析了小学生统计知识的学习进阶路线，致力于探寻小学生在学习统计知识过程中的认知发展规律和特点，揭示他们在不同阶段所遇到的难点与困惑。也期望通过本书的分析和研究，为教育工作者提供一定的教学参考，助力教师更好地指导学生，提升学习效果。同时，本书的研究成果也期望可以为未来教科书的修订工作提供一定的依据和支撑。需要说明的是，本书内容主要基于博士期间的研究成果，尚有许多不足之处，恳请广大读者给予谅解，并期待与您共同探讨、进步。

贯　冰

2024 年 10 月

目录

绪论

《义务教育课程方案（2022 年版）》指出，教科书编写要“关注学生认知发展特点”。小学是统计教育的起始阶段。探索小学生统计学习的认知规律，探讨教学内容和次序的科学性，符合新时代教育发展的需求。

一、选题缘由

（一）统计知识是小学数学的一个重要内容

统计知识是小学数学的一个重要内容，但在很长的一段时间内未得到足够的重视。统计知识以“领域”的形式正式纳入到小学数学教科书中较晚。

在中华人民共和国成立初期，小学统计知识更多的是作为一种生产技能在毕业年级讲授。1950 年 7 月，教育部根据全国教育工作会议精神制定了《小学算术课程暂行标准（草案）》，这是我国小学算术（数学）课程的第一个指导性文件。文件的第二部分为“教材大纲”，其中在五年级[①]设置了“常用统计表的认识和做法”“简单统计图的认识和画法”。但文件中明确地把这部分内容放在了“笔算”领域，且在“教学要点”中没有提及统计知识的教学要求。可见，此时的小学统计更多的是“技能”和“点缀”。1952 年的《小学算术教学大纲（草案）》是对苏联大纲内容和体系的仿制，对应用题的教学做出了重点阐释，但删除了《小学算术课程暂行标准（草案）》中仅有的“统计”内容。1956 年

---

① 此时，小学为五年制。

的《小学算术教学大纲（修订草案）》中把“简单的统计图表和简单簿记的初步知识”作为小学算术内容的六个组成部分纳入小学教学中，统计知识首次正式进入我国的小学数学教科书。但在“教学指示”中又忽略了统计知识。1963年，《全日制小学算术教学大纲（草案）》发布，把统计知识放在了六年级，提出小学“应该讲授统计图表的知识”“着重讲授常遇到的一些简单的统计图表”。但在“教学内容的安排”和“教学中应该注意的几点”中再次忽略了统计知识。1978年版《全日制十年制学校小学数学教学大纲（试行草案）》在“目的和要求”中指出，学生要“掌握统计的一些初步知识，能够绘制简单的统计图表”。具体内容放在了五年级[①]的第二学期，包括“数据处理、统计表、条形统计图、折线统计图、扇形统计图[②]。”这也是首次提出“数据处理”。此时，我国小学统计教学主要的关注点在于统计图表的读写，更多是作为一种“实际应用的知识和技能”在讲授。其中一个重要原因是受时代限制。1985年以前九年义务教育尚未开始普及，绝大多数人小学毕业后要从事生产劳动。学校在小学生毕业前进行统计图表的简单讲授，更多的是因为将统计作为一种工作技能。

随后，我国小学统计知识缓慢增加，但在小学知识中占比仍然较少。1986年的《全日制小学数学教学大纲》对统计知识的“目的和要求”不变，并仍然放在了毕业年级[③]，但首次加入了复式统计表、复式折线统计图，在“教学内容的安排”中提出学生要“接触一些初步的统计思想和方法”，首次对统计教学提出了明确的要求。1988年的《九年制义务教育全日制小学数学教学大纲（初审稿）》在“教学目的和要求”中提出使学生获得“统计的一些初步知识”，在“教学内容的确定和安排”中指出“对于绘制统计图表的要求不宜过高”。首次：在六年制中把统计知识分散在了五、六两个年级；提出“初步学会收集数据和分类整理”；把“平均数”纳入统计知识中，增加了扇形图。1992年《九年义务教育全日制小学数学教学大纲（试用）》包括五年制和六年制两种学制。大纲指出五年制三年级统计初步知识的内容有“简单统计图表的初步认识，平均

① 1978年版的《全日制十年制学校小学数学教学大纲（试行草案）》中的小学为5年制。

② 注：原文为“数据处理。统计表。条形统计图，折线统计图，扇形统计图。”本文为方便阅读，故调整了符号。本节的后续内容也是如此。

③ 但分为五年制和六年制，两个学制下的统计知识，都设置在毕业年级的下学期。

数的意义，求简单的平均数”；四年级统计初步知识的内容有“数据的收集和分类整理，简单的统计表，根据收集的数据求平均数”；五年级统计初步知识的内容有“统计表、条形统计图、折线统计图、扇形图”；六年制是把五年制对应的统计内容放在了四、五、六三个年级。1994 年《〈九年义务教育全日制小学数学教学大纲（试用）〉的调整意见》提出“‘数据的收集和分类整理，简单的统计表，根据收集的数据求平均数’一律移到五年级”。“扇形图改为选学内容”。这也从侧面说明扇形统计图不易于小学生掌握。尽管小学统计知识逐步得到重视，统计内容由一个年级扩充到多个年级。但受到社会应用需求的制约，小学统计知识进入小学数学教科书仍然较为缓慢，并未得到应有的重视。

新课程改革开始后，统计知识的地位得到了显著提升。2000 年的《九年义务教育全日制小学数学教学大纲（使用修订版）》指出“随着现代计算工具的广泛使用，应该精简大数目的笔算和比较复杂的四则运算”，“统计知识在日常生活和生产中有广泛的应用”。随后教育部印发《基础教育课程改革纲要（试行）》代表新课程改革正式开始。2001 年的《全日制义务教育数学课程标准（实验稿）》确立了统计知识在小学数学中的重要地位。课标首次将“统计与概率”作为一个独立的领域纳入小学数学教学内容之中；提出了“统计观念”，强调了学生要能够对“得到的结果进行合理的质疑”；把统计知识纳入小学六个年级之中。至此，小学统计知识体现了应有的地位和价值，成为小学数学不可分割的重要组成部分。2011 年《全日制义务教育数学课程标准（2011 年版）》继续使用了小学数学四个领域的划分，同时将“统计观念”改为“数据分析观念”，首次提出学生要“体验随机性”。2022 年《义务教育数学课程标准（2022 年版）》首次明确了“数据意识”是小学数学核心素养之一，并把“百分数”正式纳入统计领域。究其本源，随着计算机的普及和大数据时代的到来，数据已经成为社会生产不可或缺的重要资源。统计知识的教学逐渐受到重视，其在小学数学教学中的地位得以提升。

综上可见，尽管统计知识已在我国小学数学中存在六十余年，但在教学实践中，对其重要性的认识仍然显得单薄。在长达三十多年的时间里，统计学习被简化为了解基础统计图表的过程。在新课程改革之前，统计知识在小学数学教科书中的地位不高，在相关文件的“教学”“目标”等环节提到的较少。这种情况在 20 世纪 90 年代开始逐渐转变，直到 2001 年新课程改革才正式确定了统计知识在小学数学中应有的重要地位。

（二）我国小学教科书中统计知识的内容和教学顺序不同

1986 年 9 月，全国中小学教材审定委员会成立大会上，原国家教委（教育部前身）明确了“一纲多本”的中小学教材编选原则。“一纲多本”即全国统一教学大纲，各地、各单位或个人均可编写教材，经全国中小学教材审定委员会审查通过后，各地可以自由选择使用。在“一纲多本”的政策下，我国不同版本的小学教科书如雨后春笋般出现。如人教版、青岛版、北师版、沪教版、西师大版、冀教版、西南大学版、京教版和苏教版等。

这些教科书尽管都遵循了已有的“大纲”或“课标”，但教科书中统计知识的选取和编排顺序存在差别。

表 0.1　不同版本教科书统计知识次序

版　本	知识次序
人教版（2022）	分类—统计表—条形图—平均数—随机性—折线图—百分率—扇形图
青岛版（2012）	分类—象形统计表—统计表—条形图、频数分布直方图—平均数—折线图—随机性—百分数—扇形图
北师版（2012）	分类—象形统计表—简单统计表—随机性—单式条形图、单式折线图、平均数—复式统计表、复式折线统计图、复式柱状图—百分数—扇形图
沪教版（2008）	分类—统计表—随机性—条形统计图—折线统计图—平均数—扇形统计图
西师大版（2013）	分类—统计表—条形统计图、频数分布直方图—平均数—随机性—折线统计图—百分数、扇形统计图
冀教版（2012）	分类—象形统计表—统计表—平均数—条形统计图—随机性—折线统计图—百分数—扇形统计图
西南大学版（2012）	分类—象形统计表—统计表—条形统计图—平均数—随机性—折线统计图—百分数、扇形统计图
京教版（2013）	分类—简单统计表—象形统计表—条形统计图—随机性—统计表、平均数一—复式统计表、平均数二、条形统计图—折线统计图—百分数、扇形统计图

续表

版　本	知识次序
苏教版（2012）	分类—象形统计表—统计表—条形统计图—平均数—随机性—复式统计表、复式条形统计图—折线图—百分数—扇形图

从表 0.1 可见，不同版本教科书涉及的统计知识点基本相似，但青岛版和西师大版增加了频数分布直方图。此外，不同版本教科书中统计知识的编排顺序不尽相同。如北师版、京教版、苏教版更多地体现了螺旋上升的特征。人教版、西师大版、西南大学版等多个版本教科书平均数在折线统计图之前；而北师版、沪教版平均数在折线统计图之后；冀教版则是在平均数和折线统计图之间出现了条形统计图，而大多数版本教科书将折线统计图安排在条形图之后；不同版本教科书的象形统计表和简单统计表次序也不尽相同。

综上可见，我国不同版本小学数学教科书中统计知识的选取和编排顺序存在差别。与此同时，我国基于学生视角的关于统计知识学习次序的研究成果也相对匮乏。

（三）小学教育对统计教育的迫切需求

我国统计教育研究起步较晚。以“统计教育”为关键词在中国知网上进行检索①，共有 2764 篇学术论文。1982 年以前，每年不足 3 篇，1983 年到 1993 年平均 10 ～ 20 篇，直至 2000 年新课程改革，年发文量达到高峰，为 126 篇，从 2000 年到 2020 年年均发文量基本保持在 125 篇左右。其中以直接研究高中阶段和初中阶段的统计教育居多，也有针对整个义务教育阶段的统计教育研究。虽然少量义务教育阶段的统计教育研究涵盖小学教育阶段，但直接针对小学统计教育的统计教育研究少之又少。

广义上讲，凡是和统计相关的教育行为都是统计教育。狭义上看，统计教育指我国学校教学中所有关于统计的教育内容和教学行为。中华人民共和国成立以来，我国统计教育主要面向应用统计，在经济社会发展中发挥了重要的作用，但教育教学中仍有些问题。主要体现在以下两个层面上：在高等教育中，

---

① 检索时间为 2024 年 1 月 24 日 23 点 33 分。

统计专业学生的知识面不够宽[①]。这种结果的产生，部分归因于当时将统计学视为数学的附属分支。这种局面直到 2011 年统计学正式被确立为一级学科后才有所改观。但时至今日，仍然有广泛的影响。此外，在基础教育层面，不论是资深教师还是新晋教师，普遍存在着对统计知识掌握不足的问题，这导致在统计教学过程中不可避免地出现了一些缺陷，进而对学生的统计学习和发展造成了一定的阻碍。一方面是由于我国 21 世纪初才将统计知识纳入中小学数学课程，缺乏令人信服的中小学统计教育的研究[②]；另一方面是由于一线数学教师仍用数学研究方法研究统计问题，没能厘清统计和数学的区别与联系，对很多内容理解不很深刻[③]。

虽然《全日制义务教育数学课程标准（实验稿）》提出，统计教学“应注重所学内容与现实生活的密切联系……应注重在具体情境中对可能性的体验；应避免单纯的统计量的计算”，但现实中我国基础教育统计教学仍以数学教学方式为主，统计活动匮乏。这在一定程度上影响了学生统计知识的学习。来自一线教师的访谈显示出一种“矛盾”，一方面，一些小学教师认为统计与概率是中小学数学课程里最“头疼”的内容，“学生不会主动质疑生活中遇到的统计信息”；另一方面，这些小学教师又认为“统计与概率考试很好拿分……不认为题难”。

小学阶段是学生形象思维向抽象思维过渡的转折期，也是思维培育的关键期。应然状态下，经过小学统计学习后，学生除了能够掌握基本的统计术语外，还应该能够理解统计量、统计图、统计推理等知识，减少统计误用情况；通过小学统计思维的培养能够提高数据分析能力，形成数据分析核心素养。但实然状态是我国当前的统计课程设计仍缺乏足够的科学支撑，对学生统计知识学习规律认识不足。整体上看，尽管我国数学教育硕果累累，但是统计教育研究仍然很薄弱。至今为止，学生在统计学习中的认知发展规律如何仍少有研究。

---

① 袁卫. 政府统计与统计教育[J]. 统计研究，2012，29(08)：18-23.

② 李化侠，宋乃庆，杨涛. 大数据视域下小学统计思维的内涵与表现及其价值[J]. 数学教育学报，2017，26(01)：59-63.

③ 史宁中. 统计的基本思想与方法及其课程教学设计[J]. 湖南教育(数学教师)，2008，(01)：15-17.

（四）学生认知发展规律是课程改革的重要依据

学生认知发展规律是教科书编制与教学实施的重要依据。只有确认学生在学习中体现出来的认知发展规律，才能科学有效地进行教科书编写和教学实施，有针对性地完成“教”与“学”的任务。现代教科书编写遵循“课程改革，科研先行”的理念，根据对学生学习规律的研究成果构建课程标准和编写教科书。这也意味着，课程改革若想要真正做到符合学生认知发展规律，就必须先从教育研究视角入手，探究学生在每个核心概念或者核心素养的发展过程中所表现出的认知特点[①]。例如，以往的小学几何知识教学顺序是从点、线到面、体，而新课程改革则采取了先体、面，后线、点的教学顺序。这种教学顺序的调整，究其原因，是对学生认知规律的遵循。学生在观察生活中的物品时，一定是先整体地感知各种物体，而不是先意识到点、线、面。这种教学顺序的调整，就是对学生认知规律的尊重。正如《全日制义务教育数学课程标准（2022 年版）》中指出课程内容选择应“符合学生的认知规律，有助于学生理解、掌握数学的基础知识和基本技能，形成数学基本思想，积累数学基本活动经验，发展核心素养。”

2022 年，我国九年义务教育巩固率达到 95.5%，高等教育毛入学率为 59.6%[②]，教育成果显著。但随着学生群体的扩大，学生群体素质参差不齐。寻找学生的共性，确定他们的认知规律，从而科学地确定“教什么”“如何教”变得至关重要。

“教什么”“学什么”不仅仅指知识的内容，也包含知识学习的次序。Ausubel 指出“影响学生学习的重要因素是学生已经知道了什么，我们应当根据学生原有的知识水平进行教学”[③]。这说明只有确定学生当前的水平，才能进行有效的教学。在群体背景下，这一问题就变成了教师需要知道学生在当前的年龄段或年级已经掌握了哪些知识，可以掌握哪些知识，而哪些知识对他们而言较难。哪些知识是“够得到的”，哪些知识是“跳一跳够得到的”，而哪些知

---

① 白胜南. 中学生概率概念学习进阶的构建问题研究[D]. 长春:东北师范大学,2021.

② 教育部发展规划司，2022 年全国教育事业发展基本情况。[EB/OL]. http://www.moe.gov.cn/fbh/live/2023/55167/sfcl/202303/t20230323_1052203.html,2023-5-4.

③ 吴文侃. 当代国外教学论流派[M]. 福州:福建教育出版社,1990.

识又是“跳起来也够不到的”。所以，郑毓信教授指出“由于建构主义突出强调了学生已有的知识和经验在新的学习生活中的作用，因此，我们自然就应将深入了解学生的真实情况看成教学工作的实际出发点”[①]；张奠宙教授也指出“要正确地估计学生的实际认知水平，认识学生的思维状况，以分析和诊断他们遇到的学习问题或学习障碍”[②]。综上，教育研究的一个重要工作就是确定学生的当前水平在他们学习阶段中处于哪个位置，他们未来有哪些学习进阶路线，哪些学习进阶路线是科学有效的，而哪些路线又违背了学生的认知规律。确定了这些内容，未来的教学才能有的放矢。

中国台湾地区开发了因才网。此网站基于科学的认知规律研究，确定了最适合学生学习的知识路线，通过为学生匹配最适合其当前学习的知识，帮助学生提升学业成就。这种符合学生认知规律的学习方式高效快捷，符合未来智慧学习的趋势。想要进行类似的研究，首先需要明确的就是学生学习进阶路线。

二、研究问题

统计知识并不像代数知识那样，有着非常明确的学习顺序。教学实践表明，统计表和统计图的学习并没有严格的逻辑顺序，换言之，统计表并非学习统计图的前置知识，学生不会统计表可能并不影响他们对折线统计图的理解。因此，到底什么样的学习顺序更符合学生的认知规律就是一个值得研究的问题。

基于上述分析，本研究提出两个问题：

研究问题 1：如何开发小学统计知识学习进阶测评工具？

研究问题 2：小学统计知识学习进阶路线和水平如何？

三、研究意义

目前，统计知识的认知研究已经成为统计教育研究的重要组成部分，统计教育也开始逐步成为数学教育的重要分支。学习进阶是刻画学生学习统计知识过程的重要途径，但研究相对较少，基于认知诊断技术的研究更加匮乏。综上，基于认知诊断模型进行小学数学统计知识进阶的研究符合当前数学教育研究的

---

① 郑毓信．新数学教育哲学[M]．上海：华东师范大学出版社，2015.

② 张奠宙．数学教育学[M]．南昌：江西教育出版社，1991.

发展趋势，可以丰富小学统计学习的认知规律的相关研究，为统计教学、课程改革、教科书编写提供一定的参考。

（一）理论意义

本研究把学习进阶理论引入到统计教育之中，是对已有学习进阶研究理论的扩充。本书着眼于统计知识的认知层次结构，基于认知诊断技术获取学生不同属性之间的层级关系，不仅能够为已有的统计教育研究提供更为深刻且可靠的学习理论依据，也可以为课程改革和教科书编写提供数据支撑和理论支持。本研究的模式可辐射到其他学科，能够为其他学科的学习进阶路线研究提供理论支持。

本研究构建了用于小学统计知识学习进阶研究的试卷，可以为其他学者的进一步研究提供工具支持，也可以为相关领域的研究提供借鉴。

（二）实践意义

本研究有助于确认学生的学习进阶路线。随着知识激增时代的到来，初等教育需要学习的知识越来越多，几次教科书的修订都对课程内容做出了调整，很多以前初中学习的知识已经下放到小学。和 20 年前相比，小学课程知识范围越来越广泛，难度也有所增加，但学生学习的时间并没有增加。这就对学生的学习效率提出了较高要求。学习进阶路线的确定，可以为学生指明最优学习进阶路线，从而提升学生的学习效率。

本研究有助于教师厘清教学路线，确定不同知识属性之间的层级关系，确认核心知识点，从而帮助教师精准地把握不同知识的地位和作用。有研究表明，专家教师的知识组织方式是围绕核心概念逐步展开，能从学生的认知水平出发设计课程[①]。掌握学习进阶路线的教师，可以对学生未来学习进阶路线进行明确的规划，对知识层级有科学的认知，从而能以特定知识点为核心，完善知识结构，帮助学生形成结构化知识，此乃本研究的实践价值。

---

① Einglish, L D. Children's strategies for solving two-and three-dimensional combinatorial problems[J]. Journal for Research in Mathematics Education, 1993, 24(3):255-273.

四、核心概念

（一）学习进阶

学习进阶的研究最初始于科学领域，后来逐渐扩展到各个学科，但关于学习进阶的定义尚未达成一致。从认知的角度出发，学习进阶可以认为是学生所遵循的由简单到复杂、由低水平到高水平的思维路线[①②]，这种研究关注学生在学习中思维水平的变化。但这种思维水平的变化，离不开知识作为载体，因此有研究者认为学习进阶是对某一学科领域由浅入深、由简单到复杂的概念理解过程或对核心概念理解的有序描述[③④]。还有学者认为学习进阶是学生在一个时间跨度内学习某属性群过程中，体现出来的从易到难、从单一到复合、从低水平到高水平的知识掌握顺序[⑤⑥]。以上两种观点分别关注了认知变化的过程和概念理解的过程，即思维的进阶和知识的进阶。本研究主要关注小学统计知识，因此本研究中的学习进阶主要指知识的进阶，即从简单到复杂的统计知识学习序列以及对应的知识水平层级。

需要特别指出的是，在一些数学教育研究中，学习进阶和学习轨迹没有明

---

① National Research Council. Taking science to school: Learning and teaching science in grades K-8[M]. Washington : The National Academies Press, 2007.

② Mohan L, Chen J, Anderson C W. Developing a multi-year learning progression for carbon cycling in socio-ecological systems[J]. Journal of Research in Science Teaching, 2010, 46(6):675-698.

③ Merritt J D, Krajcik J, Shwartz Y. Development of a learning progression for the particle model of matter[C]// Proceeding of the 8th international conference for the learning science, 2008.

④ Alonzo A C, Steedle J T. Developing and assessing a force and motion learning progression[J]. Science Education, 2009, 93(3):389-421

⑤ National Research Council. Taking science to school: Learning and teaching science in grades K-8[M]. Washington: The National Academies Press, 2007:215-251.

⑥ Jia B, Zhu Z, Gao H. International Comparative Study of Statistics Learning Trajectories Based on PISA Data on Cognitive Diagnostic Models[J]. Frontiers in Psychology, 2021, 12:1-9.

确的区别，这意味着学习进阶实际上是学习轨迹的同义词[①]。学习轨迹可以理解为随着时间的推移，个人在获得特定领域的知识、技能和理解时所遵循的路线或进步，它代表了学习的发展顺序，以及个人在特定领域推进学习时所经历的里程碑或阶段。而学习进阶则可以理解为学习轨迹中体现出来的学生认知的转折变化。因此，在数学教育中，学习进阶和学习轨迹两者可以等同。

综上，本研究中的学习进阶是指：小学生从掌握简单的、单一的知识点的状态逐步成长到掌握复杂的、复合的知识状态的动态过程，具体体现为学生从简单知识到复杂知识，从低水平到高水平的学习序列。通过把这种过程进行模型化的描述，可以提供学生学习过程的数据信息，从而为教学提供依据。

（二）统计知识

从认识论的角度来看，知识就是人类认识自然界（包括社会和人）的精神产物，是人类进行智能活动的基础[②]。它也可以是对某个主题确信的认识，并且这些认识拥有潜在的能力，为特定目的而使用。具体来说，知识是人类的认识成果，来自社会实践，其初级形态是经验知识，高级形态是系统科学理论。从哲学角度来看，知识是概念之间的联结，它是概念的内容的一个方面。构造概念的目的归根结底是为了把握直观，因此，概念与概念之间必须彼此联结形成知识。知识还具有培养人的能力和素养的作用，通过学习知识，人们可以培养自己的思维能力、判断能力和创造能力，提高自己的文化素养和社会修养。

以此为基础，统计知识可以分为经验知识和系统的科学理论。本研究主要面向小学数学教科书，因此本文涉及的统计知识不是经验性知识，而是经过了归纳总结的系统的科学理论。统计知识也可以分为过程性知识和描述性知识。Wild 和 Pfannkuch 认为统计调查周期应包括问题、计划、数据、分析和结论五个环节[③]。但国际上的小学数学教科书统计部分都没有按照统计过程进行章节的

---

① Empson S B. On the idea of learning trajectories: Promises and pitfalls[J]. The Mathematics Enthusiast, 2011, 8(3): 571–596.

② 马少平，朱小燕. 人工智能[M]. 北京：清华大学出版社，2004.

③ Wild, C. J., & Pfannkuch, M. Statistical thinking in empirical enquiry[J]. International Statistical Review, 67(3), 223–265.

命名。因此，本研究中的统计知识主要指描述性知识。

综上，本研究中的小学统计知识主要指基于统计学科理论的描述性知识，具体指统计图、统计表等在小学数学教科书中明确指出名称的知识点。

（三）认知诊断

认知诊断是第四代教育与心理测量理论。和以往的测量理论关注分数或个体能力不同，认知诊断更加关注被试是否掌握了测试的认知属性。广义上，认知诊断是指建立观察分数和测量对象认知特征之间的联系；狭义上的认知诊断指在教育测量中，对学生按照掌握的知识属性的数量或难度来进行分类。一般认为，认知诊断的目的是测量或评价个体特定的知识结构（knowledge structure）和加工技能（processing skill）①。

本研究中的认知诊断理论具体指通过题目测试对统计知识点进行细致划分，从而获得学生掌握统计知识的过程，具体包括掌握知识的次序和统计知识的水平。

（四）属性

属性指人类对于一个对象的抽象方面的刻画。具体来说，属性是指对象所具有的性质以及对象之间的关系。在哲学中，属性通常指涉实体所具有的本性，即属于实体本质方面的特性。在逻辑学上，属性则指对象的性质和对象间的关系，包括状态、作用等。从事物本身的视角来看，属性可以被看作是事物的本质和特征，是事物所具有的不可或缺的部分。在计算机科学中，属性通常指数据类型中的成员变量，用于描述对象的状态和特征。在统计学中，属性可以指数据集中的特征或变量。

本书中的“属性”来自认知诊断理论中的“attribute”。认知诊断理论中把题目考查的维度称为“attribute”。在不同的研究中，“attribute”指代的内容不同。如在认知研究中，“attribute”指认知的维度，如了解、理解、掌握等。在数学内容研究中，可能是“数与代数”“图形与几何”等知识内容。本研究主要使

---

① 汪文义，宋丽红. 教育认知诊断评估理论与技术研究[M]. 北京：北京师范大学出版社，2015:3.

用认知诊断技术对小学统计知识进行量化研究。因此，本书研究过程中的“属性”指代小学统计知识，和上文中的统计知识相同，但在认知诊断理论的框架下描述时称为属性。

五、文献综述

本研究使用学习进阶方法解决统计教育领域中的问题。统计教育和学习进阶这两个领域都属于新兴领域，正处于蓬勃发展阶段。以“学习进阶”为关键词，截止到 2023 年 5 月 7 日，可以搜索到 1755 篇相关文献。2016 年以前，年均论文不足 100 篇，2017 年和 2018 年分别有 117 篇和 161 篇，2019 年达到 200 篇，从 2020 年起每年成果均超过 300 篇。接近 90% 的论文集中在初等教育领域和中等教育领域。统计教育研究涉及的领域相对复杂，较多论文集中在高等教育和中等教育，初等教育占比不足 5%。以下分别对统计教育和学习进阶的已有论文进行综述。

（一）统计教育的研究

1. 国内统计教学中的问题研究

基础教育中，不管是有经验的教师还是年轻教师，由于统计意识薄弱，未能对统计有足够的重视，没能对统计知识之间的联系和教与学的关联重视起来，从而导致教学的效果未能尽如人意。想要解决统计教学中的问题，需要使用科学合理的方法分析统计知识之间的内部联系，从学生视角出发，从教学实际出发，反思并完善相关理论。

学科层面上看，现有测评题目考查的重点是统计计算，缺乏科学情境①。即统计数学化倾向严重，80% 的教师认为统计是数学的一个分支或概率的一个分支，对统计学内涵认识不清②。从课程层面上看，我国的统计课程设计偏重于书本知识的学习，忽视实际应用的知识，忽视学生学习过程中常见认知错误的纠

---

① 李俊，黄华. PISA 与上海中考对统计素养测评的比较研究[J]. 上海教育科研，2013(12):39-42.

② 李勇，章建跃，张淑梅，等. 全国重点高中数学教师概率统计知识储备现状调查[J]. 数学通报，2016，55(09):1-9.

正[①]。从社会层面上看，一方面良好的统计生态环境缺失，导致公众缺乏对统计的尊重和学习统计的热情；另一方面公众缺乏对统计的正确认识，丧失了学习统计的动力[②]。从教师成长脉络看，统计学专业学生的知识面不够宽[③]，高等教育中的问题通过师范生传递给了初等教育，而初等教育下培养的一部分统计人才又返回高校教学，使统计教育问题形成了一个闭环。

基础教育中，通过在校的学习，学生理应既能够获取数学教育给予的确定性思维，学会逻辑地分析问题；又能够获得统计教育给予的或然性思维，可以辩证地思考问题，具备基本的统计素养。但研究表明，初中和高中数学教师的统计学学科教学知识缺失严重，对统计知识多采用直接呈现法[④]。80%以上的高中教师对大部分概率统计基本概念处于模糊状态，理解深度不够，缺乏用概念解惑的能力[⑤]。对我国小学教师统计知识水平的研究较为缺乏，但根据前文综述，可以认为小学教师统计知识水平不容乐观。大多数学生用数学的视角看待统计，把统计看作是公式计算，而非数据处理的技术。究其原因，一方面是由于我国 21 世纪初才将统计知识以模块形式嵌入中小学数学课程，一线教师对统计教育的认识不够深入；另一方面是因为对学生学习统计的认知过程探究得还不够深入。

2. 国际统计教育教学中的问题研究

实际上，全世界范围内的统计教育都起步较晚，这导致了统计教育研究的滞后。在世界范围看，统计教育作为一个新兴学科，其研究偏少且呈碎片化[⑥]。

① 李俊. 论统计素养的培养[J]. 浙江教育学院学报,2009(01):10-16.

② 游明伦. 对统计素养及其培养的理性思考[J]. 统计与决策,2010(12):2+189.

③ 袁卫. 政府统计与统计教育[J]. 统计研究,2012,29(08):18-23.

④ 吴骏,赵锐. 基于HPM的教师教学需要的统计知识调查研究[J]. 数学通报,2014,53(05):15-18+23.

⑤ 李勇,章建跃,张淑梅,等. 全国重点高中数学教师概率统计知识储备现状调查[J]. 数学通报,2016,55(09):1-9.

⑥ Zieffler A., Garfield J, Alt S., Dupuis D., Holleque K., and Chang B. What Does Research Suggest about the Teaching and Learning of Introductory Statistics at the CollegeLevel? A Review of the Literature[J]. Journal of Statistics Education, 2008, 16(2).

1931 年，美国认识到应该思考哪些统计知识可以被学生掌握以及如何把它们教给学生，并进行了一系列努力。1975 年，美国全国数学教委员会指出：虽然概率教育已经获得了进步，不过统计教育似乎止步不前。

尽管近些年关于统计教学和研究改革的论文已显著增加，但统计仍然被看作是一个需要改善的教育学科[①]；统计教与学的研究仍然是断开的，零散的，难以成功[②]。从内因上看，统计焦虑（statistics anxiety）使得学生对统计学兴趣匮乏，统计思想对学生来讲很难接受[③④⑤]。从外因上看，21 世纪前，统计教育被认为是服务教学（service teaching），由非统计学家讲授[⑥]。这些问题限制了统计人才的培养，最终导致大学统计教学质量不高[⑦]。虽然国际社会对统计教育做出了巨大的努力，但学生的基本统计知识仍然缺失严重[⑧]，由于数学思维的根深蒂固，

---

① Garfield J, Ben-Zvi D. Developing Students' Statistical Reasoning: Connecting Research and Teaching Practice[M]. Berlin: Springer. 2008.

② Zieffler A., Garfield J, Alt S., Dupuis D., Holleque K., and Chang B. What Does Research Suggest about the Teaching and Learning of Introductory Statistics at the CollegeLevel? A Review of the Literature[J]. Journal of Statistics Education, 2008, 16(2).

③ Gal I, Ginsburg L. The Role of Beliefs and Attitudes in Learning Statistics: Towards an Assessment Framework[J]. Journal of Statistics Education, 1994, 2(2).

④ Garfield J. How Students Learn Statistics[J]. International Statistical Review, 1995, 63(1), 25-34.

⑤ Garfield J, Ben-Zvi, D. How Students Learn Statistics Revisited: A Current Review of Research on Teaching and Learning Statistics[J]. International Statistical Review 2007, 75(3), 372-396,

⑥ Meng X L. Desired and Feared—What Do We Do Now and Over the Next 50 Years?[J]. The American Statistician. 2009, 63(3), 202-210.

⑦ Kahn P, O'Rourke K. Understanding Enquiry-Based Learning, Handbook of Enquiry and Problem-Based Learning[M]. Galway: CELT. 2005.

⑧ Batanero C, Godino J, Green D, et al. Errors and Difficulties in Understanding Introductory Statistical Concepts[J]. International Journal of Mathematical Education in Science and Technology, 1994. 25 (4), 527-547.

学生很难使用统计知识来解决特定语境下的问题[①②]。为了提升统计教育质量，1991 年国际统计素养项目成立（The International Statistical Literacy Project，ISLP），该项目的使命是“支持、创造和参与世界各地的统计扫盲活动和宣传活动”。2010 年 10 月 20 日，英国皇家统计学会（RSS）开始十年统计知识运动，同时这也是第一个世界统计日。Census At School 是另一个由英国皇家统计学会和英国国家统计局开始的一个关注统计学习者的国际项目，参与者包括美国、英国、澳大利亚、加拿大、日本、新西兰、南非和爱尔兰，我国没有参与。

统计量是现代统计教育教学关注的重点。早期描述性统计的研究主要集中在儿童是否能够理解表达集中趋势和代表性的统计量概念上，并取得了一系列成果[③④⑤⑥⑦]。在平均数的研究中发现，发现许多学生很难理解平均值可以是数据集中没有实际表示的数字，并且使用“fair share”类比来描述平均值可能导致计算出的平均值代表一个不可能在现实中表示的值（如每户平均 3.2 人），学生会感到困惑，最后“总和 / 个数”的计算公式会使得学生认为平均数是“简

---

① Garfield，J. How Students Learn Statistics[J]. International Statistical Review，1995，63(1)，25–34.

② Allen R A，Folkhard A，Abram B，et al. Statistics for the biological and environmental sciences：improving service teaching for postgraduates[J]. Journal of Statistical Education，2010.

③ Cai J. Exploring students' conceptual understanding of the averaging algorithm[J]. School Science and Mathematics，1998，98(2)：93–98.

④ Cai J. Understanding and representing the arithmetic averaging algorithm：An analysis and comparison of US and Chinese students' responses[J]. International Journal of Mathematical Education in Science and Technology，2000，31(6)：839–855.

⑤ Hancock C，Kaput J J，Goldsmith L T. Authentic inquiry with data：Critical barriers to classroom implementation[J]. Educational Psychologist，1992，27(3)：337–364.

⑥ Mevarech Z R. A deep structure model of students' statistical misconceptions[J]. Educational studies in mathematics，1983，14(4)：415–429.

⑦ Mokros J，Russell S J. Children's concepts of average and representativeness[J]. Journal for research in Mathematics Education，1995，26(1)：20–39.

单明了”的而忽略其统计意义[①]。此外，在中位数的研究中表明，计算中位数的程序流畅性并不表明相关概念知识的发展，能够计算中位数的学生不一定会将中位数视为中心的度量或数据的组描述符[②③]。事实上，许多学生将中位数视为与组中间特定数据值相关的特征，而不是整个组的特征[④]。因此，学生在得到明确指导时能够计算代表性值[⑤]，而在其他情况下却无法构建代表性值[⑥]，这表明学生可能不理解代表性值在数据分析中所起的作用。虽然大量的研究者已经意识到作为统计量的平均数和中位数在教学中遇到困难，是因为学生的理解更多是基于数学而非统计学，但目前关于产生问题的具体研究还相对较少。一种观点表明，无论学生如何理解平均数、中位数、众数这些位置平均数，可以肯定的是如果学生只是把数据集看作一系列数字而非数据，那么任何理解都没有实际意义[⑦]。但是，在教学中还不能过分地强调“平均数代表集中趋势”。过分强调集中趋势，特别是平均值，会导致学生在描述数据集时不情愿地使用离散度度量[⑧]。

还有研究表明，统计图的教学也存在一定的困难。在现代社会，数学教师

---

① Mokros J，Russell S J. Children’s concepts of average and representativeness[J]. Journal for research in Mathematics Education，1995，26(1)：20-39.

② Bakker A. Bakker, A. (2004). Design research in statistics education: On symbolizing and computer tools. Utrecht，the Netherlands: CD Beta Press[J]. 2004.

③ Konold C，Higgins T L. Reasoning about data. [J]. A research companion to principles and standards for school mathematics，2003.

④ Bakker A，Biehler R，Konold C. Should young students learn about box plots[J]. Curricular development in statistics education：International Association for Statistical Education，2004：163-173.

⑤ Mokros J，Russell S J. Children’s concepts of average and representativeness[J]. Journal for research in Mathematics Education，1995，26(1)：20-39.

⑥ Hancock C，Kaput J J，Goldsmith L T. Authentic inquiry with data：Critical barriers to classroom implementation[J]. Educational Psychologist，1992，27(3)：337-364.

⑦ Mokros J，Russell S J. Children’s concepts of average and representativeness[J]. Journal for research in Mathematics Education，1995，26(1)：20-39.

⑧ Reading C，Pegg J. Exploiting understanding of data reduction[C]// pme conference. the program committee of the 18th pme conference，1996，4:4-187.

面临着一项重要而紧迫的任务，那就是教育学生能够熟练地解读“无数”的图形。例如，尽管全球多个国家都已经把扇形统计图纳入了小学数学的统计图表中，但仍有很多专家认为扇形统计图“效率低下”（inefficient），这是因为扇形统计图的信息可以有多个来源，如角度、弧长、面积等。而从数学的角度来看，长度比角度更容易估计，面积的估计更难①。甚至有专家认为“唯一比扇形统计图更糟糕的是几个扇形统计图”②③④。

鉴于统计学习面临着众多的困难，美国数学科学会议委员会（Conference Board of the Mathematical Sciences，CBMS）建议小学教师的前期培训课程至少包括12个学期⑤的数学和统计学课程。这些课程的具体内容由专门的机构决定，这意味着为小学教师设计的数学教学课程中会包含统计教学的相关内容。通常，统计学至少包括3个学分⑥。并且这些课程包括了试验的设计、实施和评价，而非简单意义上的理论学习。但是，专家们仍然担忧小学教师会继续教授仅仅由数学计算和阅读图表组成的统计学，甚至最糟糕的情况可能是这些教师完全忽视统计内容⑦。

综上可见，统计学习面临着诸多需要改善的问题，要解决以上问题，一个

---

① Siirtola H. The cost of pie charts[C]//2019 23rd International Conference Information Visualisation (IV). IEEE, 2019: 151-156.

② Tufte E R. The visual display of quantitative information[M]. Cheshire, CT: Graphics press, 2001. p-3

③ Few S, Edge P. Save the pies for dessert[J]. Visual business intelligence newsletter, 2007:1-14.

④ C. Nussbaumer. Death to pie charts, [EB/OL]. https://www.storytellingwithdata.com/blog/2011/07/death-to-pie-charts .

⑤ 这里的学期学时原文为Semester hours。一般是指学生在一个学期内所修的学分数,通常用于大学或大学计算学位所需的学分1。它代表了一个学术学分单位,表示每周上一小时的课程(如讲座课程)或每周三小时的实验室工作，持续一个学术学期。

⑥ Jones D L, Jacobbe T. An analysis of the statistical content in textbooks for prospective elementary teachers[J]. Journal of Statistics Education, 2014, 22(3).

⑦ Jones D L, Jacobbe T. An analysis of the statistical content in textbooks for prospective elementary teachers[J]. Journal of Statistics Education, 2014, 22(3).

基本前提是用科学的方法构建小学统计知识之间的知识关系，从而寻找教学的最优路线，为教师教学提供科学的知识点次序依据。

（二）学习进阶发展的研究

1. 学习进阶的历史发展

学习进阶最早应用在科学教育领域。在数学教育的一些研究中，学习进阶和学习轨迹两者目前还没有明确的区分，[①]。一方面，学习进阶过程的研究必然包含学习的轨迹，在这个层面上，学习轨迹是学习进阶的一部分；另一方面，学习轨迹并不仅仅显示学生学习的认知路线，也包含知识难度的变化和学生认知过程的变化。因此，在数学学科中，学习进阶（learning progressions）和学习轨迹（learning trajectories）的研究往往混杂在一起，但目前研究的内容基本一致。

"学习轨迹"在数学教育中最早出现在 Marty Simon's 在 1995 年发表的经典论文 *Reconstructing Mathematics Pedagogy from a Constructivist Perspective* 中。但在文中并没有对学习轨迹进行详细的解读，只是认为学习轨迹是一种教学建构，是教师通过猜测来了解学生当前的水平，以及教师未来引领学生到达的水平。在文中 Simon's 特别强调这是一种假设，因为"实际的学习轨迹事先是不可知的（actual learning trajectory is not knowable in advance）"。

"学习进阶"首先出现在科学教育背景中。《加拿大科学、数学和技术教育杂志》（Canadian Journal of Science，Mathematics，and Technology Education，CJSMT）2004 年的专刊中指出，"学习进阶"最早出现于 Shapiro 在 1989 年发表的文章 *Students' Conceptions and the Learning of Science* 中。此文记录了她对实际学习者学习进度的记录，包括概念进展模式（conceptual progressions）和概念进展序列（sequences of conceptual progressions），统称为概念轨迹（conceptual trajectories）。与 Simon's 相反，CJSMT 特刊的重点是描述儿童在特定条件下实际发生的学习情况，而不是关于它如何发生的思维实验。但需要指出的是，教师推测的可能进度或研究人员记录的实际学习者进度都不是目前学习进阶的

---

① Empson S B . On the idea of learning trajectories: Promises and pitfalls[J]. The Mathematics Enthusiast, 2011, 8(3): 571-596.

主流方式。但从 2004 年起，以学习进阶为研究对象的成果开始涌现[①②③]，并且认为学习进阶和学习轨迹可以互换[④]。

在概念上，学习进阶的定义也未统一。如学习进阶是以理论和经验为基础的学生思维、学习和发展模型中确定的自然发展进程[⑤]；学习进阶是学生所遵循的由简单到复杂、由低水平到高水平的思维路线[⑥]；学习进阶是对某一学科领域由浅入深、由简单到复杂的概念理解过程[⑦]；学习进阶是学生在学习某一核心概念过程中，基于综合研究和概念分析所进行的一系列逐渐复杂的推理方式[⑧]；学

① Clements D，Sarama J. Learning trajectories in mathematics education[J]. Mathematical Thinking and Learning，2004,6(2)，81-89.

② Duncan R G，Hmelo-Silver C E. Learning progressions：Aligning curriculum，instruction，and assessment[J]. Journal of Research in Science Teaching：The Official Journal of the National Association for Research in Science Teaching，2009，46(6)：606-609.

③ Catley K，Lehrer R，Reiser B. Tracing a prospective learning progression for developing understanding of evolution[J]. Paper Commissioned by the National Academies Committee on test design for K-12 Science achievement，2005，67.

④ Daro P，Mosher F A，Corcoran T B. Learning trajectories in mathematics：A foundation for standards，curriculum，assessment，and instruction[J]. 2011.

⑤ Griffin S，Case R. Re-thinking the primary school math curriculum：An approach based on cognitive science[J]. Issues in Education，1997,3(1)，1-49.

⑥ National Research Council. Taking science to school：Learning and teaching science in grades K-8[M]. Washington：The National Academies Press，2007.

⑦ Merritt J D，Krajcik J，Shwartz Y. Development of a learning progression for the particle model of matter[C]// Proceeding of the 8th international conference for the learning science，2008.

⑧ Smith C L，Wiser M，Anderson C W et al. Implications of research on children's learning for standards and assessment：A proposed learning progression for matter and the atomic-molecular theory[J]. Measurement Interdisciplinary Research & Perspectives，2006，4(1-2)：1-98.

习进阶是一种策略性序列，能够促进与核心科学概念相关各概念之间的联系[①]；学习轨迹是知识状态的层次结构，用偏序关系表征知识状态之间的关系[②]；学习进阶是链接教与学的任务序列，是用于确定在特定课程内容方面有效的任务[③]。

事实上，需要从时间和内容两个维度去认识学习进阶。从时间维度来看，学习进阶的探究通常是基于一个合适的时间跨度进行；从内容维度来看，学习进阶的探究往往是以某一核心概念为基础。因此，无论是何种定义，学习进阶始终关注的是：在一段时间内学生对核心概念的认知过程。选择适当的视角来刻画学生的认知发展或思维结构的进阶是教育研究者需要解决的难题。学习进阶的特点可以概括为：围绕核心概念建构、刻画学生知识和能力的不同层级、通过学习表现呈现层级发展的证据、体现课程和教学的影响。值得注意的是，美国国家研究理事会在 2007 年提出的学习进阶定义得到了大多数研究者的认同，即"在一个较大时间跨度内，学生对某一学习主题的思考和认识不断丰富、精致和深入的一种过程，旨在揭示学生在学习和探索某一主题时，对该主题的思考、理解与实践活动在相当长的一段时间内是如何从简单到复杂、从低水平到高水平、从新手到专家逐步发展的，是在大量实证研究的基础上形成的一种假定性描述，可以通过实践加以检验。"[④]

学习进阶强调学习是一个渐进和持续的过程，是个人从有限的知识或技能开始，通过结构化的学习经历和与环境的互动，逐渐建立在现有的理解。学习进阶通常用于教育研究、课程开发和教学规划，以了解学习者如何进步并设计有效的学习体验。学习进阶为教育工作者提供了一个框架，以确定学习目标的

---

① Stevens S Y，Delgado C，Krajcik J S. Developing a hypothetical multi-dimensional learning progression for the nature of matter[J]. Journal of Research in Science Teaching，2010，47(6)：687-715.

② Tatsuoka K K. Cognitive Assessment：An Introduction to the Rule Space Method[M]. Abingdon：Routledge. 2009.

③ Jia B，Zhu Z，Gao H. International Comparative Study of Statistics Learning Trajectories Based on PISA Data on Cognitive Diagnostic Models[J]. Frontiers in Psychology，2021，12.

④ National Research Council. Taking Science to School：Learning and Teaching Science in Grades K-8. Washington[C]. DC：The National Academies Press，2007：125-128.

顺序，并制定必要的步骤来支持学生的成长和发展。学习进阶是动态和灵活的，实际应用中还要考虑个体差异、先验知识和情境因素。一般认为学习者可能会以不同的速度进步，在学习过程中可能需要不同类型和水平的支持。通过认识到这些个体差异，教育工作者可以调整教学以满足学习者的不同需求，并在必要时提供有针对性的干预措施。

2. 学习进阶构建方法的发展研究

学习进阶可以通过对个体学习过程的不断观察得到，也可以通过对大量学生的测试进行定量研究得到①。通过定量研究获得学习进阶路线的技术主要有四种：项目反应理论（IRT），规则空间模型（RSM），属性层次模型（AHM）和认知诊断模型（CDM）。

项目反应理论（IRT）是第三代教育测量技术。项目反应理论解决了经典测量理论过于依赖被试群体的问题。项目反应理论从统计模型角度对学生能力进行建模，借助潜变量和统计模型描述学生的作答过程。项目反应理论包含多种测量模型，比较经典的有 1PL 模型、2PL 模型和 3PL 模型。其中 1PL 模型又称为 Rasch 模型，也是学习进阶领域使用最多、最广的模型。Rasch 模型用于学习进阶研究最早可以追溯到 2015 年乔通的博士论文，在论文中他借助 Rasch 模型对“运动与相互作用”主题中的重要概念进行了学习进阶构建②。随后，有大量的博士论文基于 Rasch 模型进行学习进阶研究③④⑤。此类学习进阶研究的基本思路是使用 Rasch 模型对被试进行测试，通过 Rasch 模型确定题目的难度和学生的能力水平，并以此为依据对知识点的难度进行标定，从而确定学习进阶

① Jia B，Zhu Z，Gao H. International Comparative Study of Statistics Learning Trajectories Based on PISA Data on Cognitive Diagnostic Models[J]. Frontiers in Psychology，2021，12.

② 乔通. “运动与相互作用”主题中的重要概念及其学习进阶研究[D]. 重庆：西南大学，2015.

③ 姜显光. 高中化学反应限度学习进阶研究[D]. 长春：东北师范大学，2019.

④ 李婷婷. “物质粒子性”学习进阶及其在科学建模能力测评中应用的实证研究[D]. 长春：东北师范大学，2022.

⑤ 巩子坤，程玲，陈影杰. 小学生比例推理学习进阶模型的构建[J]. 数学教育学报，2022，31(05)：48-53+64.

顺序。但是 Rasch 模型属于单维度模型，在面对多维度问题时显得乏力。所以随着研究的需要，大量多维能力测量方法被开发出来。

规则空间模型（RSM）在我国认知诊断领域的研究最早可以追溯到 2004 年。戴海崎和张青华应用规则空间模型对从平均数概念与计算到相关系数概念与计算的八种属性进行了认知建模，并根据 299 名被试在测验项目上的作答反应划归为 30 种不同的属性掌握模式[①]。本次研究尽管运用学习进阶理论进行了属性层级的构建，但本质只是对规则空间模型的一次运用，并不包含学习进阶路线的检验。2005 年李峰、余娜和辛涛基于规则空间模型，以小学四、五年级数学诊断性测验的编制为例，探索了认知诊断理论背景下诊断性测验的编制方法，并进行了实践检验[②]。这个研究的一大进步是使用了测试难度和 $\boldsymbol{Q}$ 矩阵之间的回归方程对题目结构效度进行了检验，并对分析结果进行了进一步的解释。随后规则空间模型沉寂了一段时间。2012 年，田霖和刘儒德[③]使用规则空间模型分析了小学五年级学生的分数知识的 6 个属性结构，发现 386 名学生可以分为 26 种不同的属性掌握模式。随后有大量的硕博论文基于规则空间模型进行了数学、化学、语文、物理等学科的研究。但是，以上研究最主要的工作是基于规则空间模型对学生不同掌握属性进行划分，并没有对属性之间的关系进行更加深入的探讨。从 2019 年起，一些硕士论文开始基于规则空间模型获得的属性关系进行教学设计的研究。对规则空间模型的结果进行了一定的应用探索。不过受限于规则空间模型方法本身的问题，其发展速度比较缓慢，应用范围较少，正逐步被认知诊断模型所代替。

属性层次模型（AHM）是一种潜在变量模型，它为认知技能或属性提供层次结构。在属性层次模型中，属性被组织成树状结构，其中根代表全局能力或结构，叶子代表特定技能或子属性。每个属性都可以有多个级别，级别越高表示对该属性的熟练程度越高。属性层次模型的相关成果在我国最早可以追溯到

---

① 戴海崎，张青华. 规则空间模型在描述统计学习模式识别中的应用研究[J]. 心理科学,2004(04):949-951+948.

② 李峰，余娜，辛涛. 小学四、五年级数学诊断性测验的编制——基于规则空间模型的方法[J]. 心理发展与教育,2009,25(03):113-118.

③ 田霖，刘儒德. 规则空间模型在考试评价中的应用——以小学五年级分数图形测验为例[J]. 中国考试,2012,(08):16-22.

1997 年，最早是应用于管理领域，在教育领域中应用较晚且成果很少。2006 年，王庆东和侯海军[①]讨论了在数学课教学质量评估中使用属性层次模型的方法，认为属性层次模型是比较重要的评价工具。2007 年，Gier 等人将此过程与认知诊断评估联系起来，然后在实践中定义了教育测量中的短语认知模型，并解释了这些模型在认知诊断评估中的重要性，还针对如何使用认知模型指导测试开发，根据认知模型分析考生作答和评估考生能力并进行报告进行了详细的介绍[②]。此篇论文较早地介绍了使用属性层次模型进行认知诊断的方法，具有较大的影响力。但从整体来看，国内外涉及属性层次模型的论文更多集中于方法类，实践成果较少。

认知诊断理论依据 ***Q*** 矩阵，描述属性和题目之间的关系。Embreston[③]在 1984 年首次提出“***Q*** 矩阵”概念，Frederiksen 等强调应同时在能力和认知两种水平的研究视野下建构测验理论的概念[④]。在此背景之下，1995 年，Tatsuoka 根据前人成果完善并提出了“Q 矩阵理[⑤]。我国的认知诊断技术由张华华教授引入，随后江西师范大学进行了一系列研究，产生了很多成果。如涂冬波等认为 ***Q*** 矩阵理论主要就是要确定测验项目的不可观察的属性，并把它转化为可观察的反应模式，从而为推测学生的认知状态提供理论基础[⑥]。杨淑群、蔡声镇、丁树良、林海菁、丁秋林等在向前回归思想的基础上提出了用扩张算法简化 ***Q*** 矩阵，和

---

① 王庆东，侯海军. 属性层次模型AHM在质量评估中的应用[J]. 数学的实践与认识，2006,(01):98-101.

② Gierl M J, Leighton J P, Hunka S M. Using the attribute hierarchy method to make diagnostic inferences about examinees' cognitive skills[J]. 2007.

③ Embretson S. A general latent trait model for response processes[J]. Psychometrika, 1984, 49(2): 175-186.

④ Frederksen N, et al. Test theory for a new generation of tests[M]. Hillsdale NJ: LEA, 1993:19-39.

⑤ Gierl MJ, Leighton JP. Directions for future research in cognitive diagnostic assessment[J]. Cognitive diagnostic assessment for education: Theory and applications. 2007:341-52.

⑥ 涂冬波，蔡艳，丁树良. 认知诊断理论、方法与应用[M]. 北京：北京师范大学出版社，2012:5-7.

之前结果比较，回归显著[①]。丁树良等提出了可达矩阵缩减 $\boldsymbol{Q}$ 矩阵矩阵的方法[②]。丁树良、罗芬、汪文义又提出了 $\boldsymbol{Q}$ 矩阵可以作为测验蓝图中的子矩阵并以此来提高认知诊断的判准率[③]。

随着认知诊断理论的快速发展，大量的认知诊断模型被构建出来。其中最著名的补偿模型是确定性输入噪声或门 (DINO) 模型[④]，最著名的非补偿（连接）模型是确定性输入噪声和门 (DINA) 模型[⑤]。DINA 模型是最简单的，也是最具限制性的，可用于二分计分测试项目的可解释认知诊断模型[⑥]。它包含两个项目参数，猜测参数和滑动参数。减少再参数化统一模型 (RRUM)[⑦] 是一个潜在的类连接的模型，因为它假设学生的潜在能力空间可以分为掌握和不掌握，学生必须掌握所有必要的技能来获得一个正确的项目[⑧]。最著名的一般模型是一般的 DINA (G-DINA) 模型[⑨]。通过将部分参数置为常数，可以从 G-DINA 模型中得到 DINA 模型和 DINO 模型。此外，添加认知诊断模型假设每个需要的属性都

---

① 杨淑群，蔡声镇，丁树良，等. 求解简化 $\boldsymbol{Q}$ 矩阵的扩张算法[J]. 兰州大学学报(自然科学版),2008(03):87-91+96.

② 丁树良，王文义，罗芬. 认知诊断中 $\boldsymbol{Q}$ 矩阵和 $\boldsymbol{Q}$ 矩阵理论[J]. 江西师范大学学报(自然科学版)2012,36(05):441-445.

③ 丁树良，罗芬，汪文义. Q 矩阵理论的扩展[J]. 心理学探新,2012,5,417-422.

④ Templin J. L, Henson R. A Measurement of psychological disordersusing cognitive diagnosis models[J]. Psychol. Methods 2006,11, 287-305.

⑤ Junker B. W, Sijtsma K. Cognitive assessment models with few assumptions, and connections with nonparametric item response theory[J]. Appl. Psychol. Meas. 2001,25, 258-272.

⑥ de la Torre J. The generalized DINA model framework[J]. Psychometrika 2011, 76, 179-199.

⑦ Hartz S, Roussos L., Stout W. Skills Diagnosis: Theory and Practice. User Manual for Arpeggio Software[M]. Princeton, NJ: ETS. 2002.

⑧ Roussos, L. A., DiBello, L. V., Stout, W., et., al. Cognitive Diagnostic Assessment for Education: Theory and Applications[M]. New York, NY: Cambridge University Press,2007,275–318.

⑨ de la Torre, J. The generalized DINA model framework[J]. Psychometrika 2011,76, 179-199.

是唯一的，并且独立地对成功概率做出贡献[①]。

在国外学者对认知诊断模型进行开发的同时，国内学者也展开了相关的研究。刘声涛等人总结了已有工作，对认知诊断的成果进行了汇总和展望[②]。在实践研究中，白胜南借助认知诊断中的 DINA 模型对中学生概率概念学习进阶进行构建[③]。

综上可见，尽管进行学习进阶研究的方法可以分为规则空间模型、属性层次模型和认知诊断模型。但目前无论是方法开发还是应用实践，认知诊断模型都是目前此领域的主流方法。规则空间模型和属性层次模型尽管具有一定的优势，但究其根本，这两种方法都是在项目反应理论上逐步开发出来的扩展方法，其最终形态仍然是认知诊断模型。所以当下进行学习进阶研究，应首选认知诊断模型。

（三）学习进阶的实践研究

学习进阶是对学习的动态过程的一种描述。学习进阶的第一个方面是指学习模型。它反映了在学生思考、学习和发展的理论和经验基础模型中确定的自然发展进程[④⑤]。学习进阶的第二个方面是教学序列[⑥]。它用来确定在确定课程内容时有效的任务。一般认为，与这种学习进阶相一致的学习对学生来说比不遵

---

① de la Torre，J. The generalized DINA model framework[J]. Psychometrika 2011，76，179–199.

② 刘声涛，戴海崎，周骏. 新一代测验理论——认知诊断理论的源起与特征[J]. 心理学探新，2006(04)：73-77.

③ 白胜南. 中学生概率概念学习进阶的构建问题研究[D]. 长春：东北师范大学，2021.

④ Carpenter T P，Moser J M. The acquisition of addition and subtraction concepts in grades one through three[J]. Journal for research in Mathematics Education，1984，15(3)：179-202.

⑤ Griffin S，Case R. Re-thinking the primary school math curriculum：An approach based on cognitive science[J]. Issues in Education，1997，3(1)：1-49.

⑥ Jia B，Zhu Z，Gao H. International Comparative Study of Statistics Learning Trajectories Based on PISA Data on Cognitive Diagnostic Models[J]. Frontiers in Psychology，2021，12.

循这些学习进阶的学习更有效[①]。

1. 科学领域的学习进阶研究

学习进阶最早从科学领域开始，所以我国科学领域的学习进阶成果较为丰硕。2013 年郭玉英、姚建欣和张静介绍了科学学习进阶的有关概念，对美国、英国、加拿大、澳大利亚等国的六份科学教育文件进行了对比，提出了要基于学习进阶的设计实现学生科学素养的连贯发展[②]。同年，李佳涛、王静和崔鸿探讨了美国的《K-12 科学教育框架：实践、跨领域概念和核心概念》，对文件中的学习进阶理念进行了深入探讨，并对我国未来学习进阶研究进行了展望[③]。在这期间，大量关于科学学习进阶的文献如雨后春笋般出现[④⑤⑥⑦⑧]，但是这些论文大多数属于理论探讨，并非数据的实证研究。2015 年，皇甫倩基于学习进阶模型，开发了一套测评教师学科教学知识（PCK）的问卷，并介绍了其理论基础、框架构建以及实施程序等[⑨]，我国学习进阶开始由理论研究转向实践研究。2016 年，郭玉英和姚建欣对科学核心概念和关键能力的学习进阶进行了理论研

---

① Clements D H, Sarama J. Learning trajectories in mathematics education[M]// Hypothetical Learning Trajectories. Routledge, 2012: 81-90.

② 郭玉英，姚建欣，张静. 整合与发展——科学课程中概念体系的建构及其学习进阶[J]. 课程·教材·教法，2013，33(02): 44-49.

③ 李佳涛，王静，崔鸿. 以"学习进阶"方式统整的美国科学教育课程——基于《K-12 科学教育框架》的分析[J]. 外国教育研究，2013，40(05):20-26.

④ 郭玉英，姚建欣，彭征. 美国《新一代科学教育标准》述评[J]. 课程·教材·教法，2013，33(08):118-127.

⑤ 王磊，黄鸣春. 科学教育的新兴研究领域：学习进阶研究[J]. 课程. 教材. 教法，2014，34(01):112-118.

⑥ 肖丹. 基于《示范核心教学标准》的美国中小学教师学习进阶[J]. 教师教育学报，2014，1(05):21-28.

⑦ 皇甫倩，常珊珊，王后雄. 美国学习进阶的研究进展及启示[J]. 外国中小学教育，2015，(08):53-59+52.

⑧ 李春艳. 中学地理课程中的概念建构与学习进阶[J]. 课程. 教材. 教法，2016，36(04):38-43.

⑨ 皇甫倩. 基于学习进阶的教师PCK 测评工具的开发研究[J]. 外国教育研究，2015，42(04):96-105.

讨和实证研究，建构了“能量”“机械运动与力”等核心概念和“科学解释”” 科学论证”等关键能力的学习进阶，并尝试将概念理解和关键能力的进阶进行整合教学并进行了实证检验[①]。自此，我国教育领域开始使用学习进阶思想指导教学实践。随后，河北师范大学、南京师范大学、华中师范大学等国内多所师范类高校开始进行了学习进阶的教学设计开发、知识进阶构建等研究。2018 年，魏昕和郭玉英探讨了与学习进阶相适宜的科学探究课程方案[②]，弭乐和郭玉英基于科学概念理解的发展层级模型，建构了概念学习进阶与科学论证整合的教学理论框架[③]，相关研究逐步成熟。2022 年，张军霞再次提出科学教材编写应遵守学习进阶路线，实现学科知识内在逻辑与学生学习认知逻辑的统一[④]，肯定了学习进阶的重要作用。

在研究方法上，2013 年，范增通过分析各种文件标准中要求某个学段的学生就物理核心概念应学习的知识点，统计了这些知识点出现的频次并分析了这些知识点的内涵，从而构建学习进阶模型[⑤]。2015 年，乔通借助 Rasch 模型对“运动与相互作用”主题中的重要概念进行了学习进阶构建[⑥]。2019 年，姜显光基于学习进阶预设模型和 Rasch 模型的基本要求，开发了高中化学反应限度测量评价工具[⑦]。至此，学习进阶进入了量化研究方法阶段。2022 年，李婷婷运用 Rasch 模型构建了“物质粒子性”学习进阶[⑧]，李小峰对“物质”核心概念进行

---

① 郭玉英，姚建欣. 基于核心素养学习进阶的科学教学设计[J]. 课程. 教材. 教法，2016,36(11):64-70.

② 魏昕，郭玉英. 与学习进阶相适宜的科学探究课程方案述评[J]. 课程. 教材. 教法，2018,38(03):139-143.

③ 弭乐，郭玉英. 概念学习进阶与科学论证整合的教学设计研究[J]. 课程. 教材. 教法，2018,38(05):90-98.

④ 张军霞. 科学教材编写应回到原点[J]. 课程. 教材. 教法，2022,42(06):147-153.

⑤ 范增. 我国高中物理核心概念及其学习进阶研究[D]. 重庆：西南大学，2013.

⑥ 乔通. “运动与相互作用”主题中的重要概念及其学习进阶研究[D]. 重庆：西南大学，2015.

⑦ 姜显光. 高中化学反应限度学习进阶研究[D]. 长春：东北师范大学，2019.

⑧ 李婷婷. “物质粒子性”学习进阶及其在科学建模能力测评中应用的实证研究[D]. 长春：东北师范大学，2022.

了学习进阶构建[①]。

科学领域的学习进阶研究路线是我国学习进阶研究的直观映像。其他学科的学习进阶脉络和科学领域学习进阶脉络基本相似，只是有时略有延后。从上述路线可以看出，我国学习进阶路线已经完成了从理论到实践的整合，以及从理论思辨构建到量化研究构建的转变。

2. 数学领域的学习进阶研究

学习进阶作为刻画学生认知发展规律的重要途径，主要是应用在科学教育领域。如今，学习进阶的研究开始进入数学教育领域，且正处于初步发展阶段。因此，数学教育领域中学习进阶的研究仍比较少，大致可分为函数、代数与几何的学习进阶研究。

第一类是关于“数与代数”的学习进阶的研究。Fonger 等人以“相等概念”为例，从学习进阶的角度自上而下地分析了课程、教学和学生学习的一致性问题[②]。此外，辛涛等人探究了 3 ～ 5 年级学生在数感方面的学习进阶[③]，通过认知诊断模型中的规则空间模型 RSM（Rule Space Model）研究结果不仅得到了学生群体在数感方面的学习进阶，也可为学生个体提供更详细的认知诊断信息，能够分析学生的知识结构、加工技能等。Blanton 等人在 2015 年对 6 岁儿童关于概括函数关系的学习进阶路线进行了探究[④]。其中，将学生在概括函数关系的思维发展分为八个水平：前结构水平、特殊递归水平、常规递归水平、特殊函数水平、常规初级函数水平、常规中级函数水平、常规高级函数水平、函数作

---

① 李小峰. 义务教育阶段学生“物质”核心概念学习进阶研究[D]. 长春：东北师范大学，2022.

② Fonger N L，Stephens A，Blanton，M et al. Developing a learning progression for curriculum，instruction，and student learning: An example from mathematics education[J]. Cognition and Instruction，2018，36(1)：30–55.

③ Chen F，Yan Y，Xin T. Developing a learning progression for number sense based on the rule space model in China[J]. Educational Psychology，2017，37(2)：128–144.

④ Blanton，M，Brizuela，B M，Gardiner，A M，Sawrey，K，and Newman-Owens，A. A learning trajectory in 6-yearolds’ thinking about generalizing functional relationships[J]. Journal for Research in Mathematics Education，2015，46(5)：511–558.

为对象水平。在此基础上，Blanton 等人在 2017 年探究了一年级儿童对函数关系中变量以及变量符号的思维进阶[①]。将学生对函数关系中变量及变量符号的思维发展划分为六个水平：前变量 - 前符号、前变量 - 字母作为标签或表示对象、用字母表示具有固定值或确定值的变量、用字母表示具有固定值，但可从中任意选择的变量、用字母表示未知数的变量、将字母所表示的变量作为数学对象。Wu 等人以 PISA（Programme for International Student Assessment 国际学生评估项目）数据为研究对象，通过认知诊断技术对数学考试的 11 个属性进行学习进阶分析，研究发现来自澳大利亚、加拿大、英国和俄罗斯的学生拥有类似的主要学习进阶路线，而芬兰和日本的学生的主要学习进阶路线是一致的；美国和中国的学习进阶路线是一样的；此外，新加坡的学习进阶路线是最复杂[②]。

第二类是有关“图形与几何”的学习进阶的研究。这为教学实践和补救性教学都提供了较为详细的依据。此外，Clements 等人以 8 名教师和 72 名 3 ～ 7 岁的儿童为研究对象，构建并修正了儿童几何图形构成的学习进阶，将儿童组装几何图形的能力分为七个水平[③]。Barrett 等人以二、三年级的学生为研究对象，探索学生关于长度测量的学习进阶，设置了相关的教学任务，并在此基础上提出了验证和修正学习进阶的建议[④]。

第三类是涉及“概率与统计”的内容学习进阶的研究。何声清、巩子坤以

---

① Blanton, M, Brizuela, B M, Gardiner, A M, Sawrey, K, and Newman-Owens, A. A progression in first-grade children's thinking about variable and variable notation in functional relationships[J]. Educational Studies in Mathematics, 2017, 95(2): 181-202.

② Wu X, Wu R, Chang H H, et al. International comparative study on PISA mathematics achievement test based on cognitive diagnostic models[J]. Frontiers in psychology, 2020, 11: 2230.

③ Clements D H, Wilson D C, Sarama J. Young children's composition of geometric figures: A learning trajectory[J]. Mathematical Thinking and Learning, 2004, 6(2): 163-184.

④ Barrett J E, Sarama J, Clements D H, et al. Evaluating and Improving a Learning Trajectory for Linear Measurement in Elementary Grades 2 and 3: A Longitudinal Study[J]. Mathematical Thinking & Learning, 2012, 14(1): 28-54.

906 名 6 ～ 14 岁的儿童为研究对象，运用 Rasch 模型来探究学生概率概念的学习进阶，最终结果呈现为：学生的概率概念认知按随机性、模糊认知、数量化、随机分布和分数表示的次序逐步发展①。李化侠借助项目反应理论发现小学生统计思维的发展总体呈上升趋势，主要处在过渡化、数量化特征水平，还达不到分析水平②。白胜南对概率知识的 5 个概念构建了 9 个属性，并利用认知诊断技术发现学生对概率概念的认识在不断地发展和完善，并且对一维概率概念的认识发展较快，对二维概率概念的认识发展相对缓慢，八年级学生的学习表现较七年级有所下降，但并不存在统计学差异③。Jia 等人以 PISA2012 中的统计题目为研究对象，利用认知诊断技术发现对于统计知识，各国常见的学习进阶路线为不确定性—数据处理—统计图—平均数④。

（四）相关研究评述

通过以上研究发现，在全世界范围内，统计教育研究和学习进阶研究尽管已经取得了一定成果，但两者的交叉研究仍处于起步阶段。

从文献梳理来看，已有统计教育研究也存在一定局限性。在研究内容上，统计教育的目光主要集中在高等教育上，小学统计教育的学习进阶研究只有少数成果，而且研究关注于数据阅读与表示、数据收集、数据不确定性、平均数、利用数据解释和预测，并没有对各方面内容进行深入研究。在方法上，已有的统计内容学习进阶研究多以项目反应理论为主要工具，以认知诊断模型为工具的研究很少。在以认知诊断模型为工具的研究中，对统计知识内容的研究仍然很匮乏。

具体来看，上文文献研究显示的研究趋势如下：

---

① 何声清，巩子坤. 6-14 岁儿童概率概念学习进阶[J]. 课程·教材·教法，2017，37(11)：61-67.

② 李化侠. 学习进阶视角下小学生统计思维发展水平研究[J]. 数学教育学报，2019，28(06)：55-60.

③ 白胜南. 中学生概率概念学习进阶的构建问题研究[D]. 长春：东北师范大学，2021.

④ Jia B，Zhu Z，Gao H. International Comparative Study of Statistics Learning Trajectories Based on PISA Data on Cognitive Diagnostic Models[J]. Frontiers in Psychology，2021，12.

1. 学习进阶的研究方法逐步从项目反应理论过渡到认知诊断模型

学习进阶的早期研究方法是使用频率或频数[①②]，其基本思路是找到学生认知发展过程中频率或频数急剧改变的关键点。但频率和频数只能归类到描述统计，而非推断统计中，其结果不能用于描述学生总体的发展特征，只能用于描述测试样本本身的特点。随后，经典测量理论的问题逐渐显现，项目反应理论逐步发展起来。一般认为，项目反应理论是第三代测量理论（第一代是经典测量理论，第二代是概化理论）。而在规则空间模型，属性层次模型和认知诊断模型本质上都由项目反应理论发展而来。其差异是项目反应理论早期只关注单维属性，其模型也只关注单维问题。后期随着多维观测的需要，才逐步开发出多维模型。而多维模型的发展过程中，逐步产生了规则空间模型，属性层次模型和认知诊断模型。特别是认知诊断模型关注属性颗粒的掌握概率，可以获得多维度视域下的学生属性掌握水平，是当前教育和心理测量的宠儿。因此，使用认知诊断模型进行学习进阶的构建，符合当前学习进阶领域发展的趋势，也满足当前教育领域内多维度测量的需求。

2. 学习进阶的实践研究逐步从科学领域渗透到其他领域

在学习进阶的研究中，已经有大量的研究可以参考借鉴。学习进阶早期从科学领域开始，逐步扩展到其他领域。其中目前发展最快的当属数学教育领域。从学科教学来看，我国数学教育领域的发展要快于其他学科。其中一个重要原因就是得益于数学教育工作者对高水平测量工具的开发和使用。而数学学科的快速发展又使得数学教育开始把目光转向自己内部的微观领域。因此，无论是在函数领域、代数与几何领域还是概率与统计领域，都已经产生了一些学习进阶成果。但是这些研究主要集中在数与代数领域，在统计领域内的较少，小学统计内容的学习进阶的系统研究则更少。在研究内容上，已有研究呈现细致化的特征，研究者不再只是关注学生在单一知识点的学习表现，而逐渐开始关注

---

① English L D. Young children's combinatoric strategies[J]. Educational studies in Mathematics, 1991, 22(5): 451-474.

② English L D. Children's Strategies for Solving Two-and Three-Dimensional Combinatorial Problems[J]. Journal for research in Mathematics Education, 1993, 24(3): 255-273.

学生在每个知识点下不同学习水平的变化，体现出了对学生认知心理的变化特点。当前在小学教育阶段，统计教育仍属于数学教育的一部分，关注统计领域的学习进阶，符合当前小学数学教育本身发展的自身特点和需求。

3. 小学数学统计领域急需破解教育困境的方案

在我国，无论是高等教育中还是中、初等教育中，统计教育都存在一些问题需要解决。一方面教师对统计理解不足，在统计如何“教”上理解不够清晰。另一方面，对学生如何学的研究很少，对学生统计学习进阶的实践研究尚有不足。因此，无论是从统计教育发展上，还是从一线教学需求上，都迫切地需要一种能够把“教”和“学”进行贯通的关键技术。而从已有研究来看，这种技术就是学习进阶。它既可以提供教师如何“教”的信息，也可以提供学生如何“学”的信息。这些信息可以明显地改善一线的教学现状，让教师教有所依，让学生学有所靠，让教科书编写变得更加科学合理。这些都对学生的统计知识学习进阶提出了需求。一线教学也迫切地需要通过学习进阶路线把“教”与“学”联系起来。

在认知诊断模型理论研究中，出现了不同的认知诊断模型，对于不同模型的使用范围和估计效果也都有了深入研究。各种新的计算方法层出不穷，对认知诊断的高阶应用也不断呈现。以认知诊断理论为基础的认知诊断自适应测试技术也在蓬勃发展。和项目反应理论相比，借助认知诊断理论可以实现从单维到多维的跨域，并且可以获得学生的知识掌握模式，借助知识掌握模式可以更加清晰地获得学生的学习脉络。因此，本研究将基于已有的研究成果，以小学统计内容为研究对象，完整地使用认知诊断模型的分析过程，借助已有的研究经验和研究范式，将目光集中在小学数学统计知识领域，获取小学统计知识的学习进阶路线。

第一章
研究基础

本章主要介绍认知诊断理论和认知诊断测试开发模式。其中“一、认知诊断理论”的部分内容涉及到统计学知识，文科读者可以酌情略过。

一、认知诊断理论

认知诊断的出现具有时代性。测验理论通常包括两个部分：一是测验的开发、编制和应用；二是对测验结果的统计和评估[①]。前者主要依托测试目标、测试维度，后者主要依托测试理论。Gulliksen 认为，测验理论实际上是讨论测验分数与测验所测属性的关系，即讨论测验分数对所测属性的解释力[②]。不同的测试理论对同一数据集的解释角度不同，解释结果也不同。教育测量理论在不同的时期依据不同的教学工具和教育目的构建了不同的教育测量理论。整体上看，测验理论的发展可以分为两个阶段：标准化测验理论阶段和新一代测验理论阶段。Mislevy 等将标准测验理论的研究视野称为“能力水平研究范式”，将新一代测验理论的研究视野称为“认知水平研究范式”[③]。

---

① 涂冬波，蔡艳，丁树良. 认知诊断理论、方法与应用[M]. 北京：北京师范大学出版社，2012.

② Gulliksen H. Measurement of learning and mental abilities[J]. Psychometrika，1961，26(1)：93-107.

③ Frederiksen N，Mislevy R J，Bejar，I I. Test theory for a new generation of tests[M]. Hillsdale：Lawrence Erlbaum Associates，Inc.，1993：125-150.

标准化测验理论主要指 Classical Test Theory（CTT）和 Generalizability Theory（GT）。CTT 和 GT 依托被试的考试分数，判断学生的学业水平，但不具备对分数深入挖掘的技术，也不能获取学生的认知水平，本质上是对学生水平的宏观观测。想要从微观深入挖掘学生的认知水平信息，必须借助新一代的测量技术，如项目反应理论和认知诊断。项目反应理论可以通过学生的作答反应获得学生的潜在特质（能力），但在判断多维能力之间的关系时，认知诊断更加具有技术优势。

（一）认知诊断的基本概念

认知诊断的目的是测量或评价个体特定的知识结构（knowledge structure）和加工技能（processing skill）①。广义上，认知诊断是指建立起观察分数和测量对象认知特征之间的联系；狭义上的认知诊断指在教育测量中，对学生按照掌握的知识属性的数量或难度来进行分类。在教育评价技术刚刚兴起时，人们主要关注分数。通过统计技术对分数进行统计分析是标准化测验理论的核心。可以说，20 世纪 80 年代以前，主导教育领域的测量实质是 20 世纪的统计技术和 19 世纪的心理学的复合②。传统的教育测量只关心学生是否掌握了某个题目，而对题目所蕴含的知识属性无法进行科学测量。尽管传统教育测量下的大多数大规模评估总分都具有较高的信度，但信息水平过于粗糙，如某次数学考试有 5 个几何题和 5 个代数题，那么得到 5 分即做对 5 个题目的方案有 252 种。这 252 种方案下学生做对的题目不同，所出现的问题也不相同，但在传统测量中他们得到的评价结果相同③。所以在新一代测量技术中，注重心理计量方法和心理认知过程的结合，不仅仅关注学生体现出来的认知结果，还尝试构建学生的认知过程。下面具体介绍认知诊断的几个基本概念。

---

① 汪文义，宋丽红. 教育认知诊断评估理论与技术研究[M]. 北京：北京师范大学出版社，2015:3.

② Cognitive diagnostic assessment for education：Theory and applications[M]. Cambridge：Cambridge University Press，2007.

③ Tatsuoka K K. Cognitive assessment：An introduction to the rule space method[M]. London：Routledge，2009.

1. 认知属性

在很长一段时间内，国内外研究者一直在使用传统的测试和评估技术，通过考生的总分、平均分或个人分数，评估学生的学业水平[①②]。虽然分数可以帮助我们了解考生在学科领域的整体表现，但并不能提供关于考生在这些学科领域的优势和劣势的诊断信息[③]。因此，近年来，研究人员开始使用认知诊断模型来获取学生和教师考试成绩的诊断信息[④]。诊断模型又称诊断分类模型(diagnostic classification model，DCMs)，它可以从不可观察的（即潜在的）类别变量中预测出可观察到的类别反应的概率[⑤]。认知诊断中关注的属性可以定义为用于解决特定项目所需要的认知技能，通过分析学生作答可以获得这些技能掌握程度的反馈[⑥]。

认知属性是学生在正确完成测验题目时所需的知识和技能等，也可以是对学生问题解决认知加工过程的一种具体描述。认知属性的集合称为属性群。认知诊断的本质工作就是判断学生个体是否掌握测验了所涉及的认知属性。所以在实际的认知诊断操作中，确定认知属性是第一步。认知属性的获得可以通过定性的逻辑分析得到，主要来自课程指导文件、教科书解读、文献梳理、考试

---

① Ranjbaran F，Alavi S M. Developing a reading comprehension test for cognitive diagnostic assessment：A RUM analysis[J]. Studies in Educational Evaluation，2017，55：167-179.

② Sedat ŞEN，Arican M. A diagnostic comparison of Turkish and Korean students' mathematics performances on the TIMSS 2011 assessment[J]. Journal of Measurement and Evaluation in Education and Psychology，2015，6(2).

③ Jia B，Zhu Z，Gao H. International Comparative Study of Statistics Learning Trajectories Based on PISA Data on Cognitive Diagnostic Models[J]. Frontiers in Psychology，2021，12.

④ Templin J，Bradshaw L. Measuring the reliability of diagnostic classification model examinee estimates[J]. Journal of Classification，2013，30(2)：251-275.

⑤ Ravand H，Robitzsch A. Cognitive diagnostic modeling using R[J]. Practical Assessment，Research，and Evaluation，2015，20(1)：11.

⑥ Bradshaw L，Izsák A，Templin J，et al. Diagnosing teachers' understandings of rational numbers：Building a multidimensional test within the diagnostic classification framework[J]. Educational measurement：Issues and practice，2014，33(1)：2-14.

的描述文件以及专家访谈等途径。但国家颁布的课程标准一般不能作为直接属性，必须将课程标准转换为所需要的认知技能①。如 Wu 博士认为认知属性的确定来自 PISA 考试的解读文件②。在实际测试中，受估计方法的限制，一次认知诊断中属性的数量不能过多。一方面要在统计计算上具备可行性，另一方面要能提供比较充分的诊断信息③。

2. 属性粒度

粒度是指颗粒的大小，属性粒度是指属性涵盖内容的范围大小。在不同的测试中，属性粒度不同。如在考查学生四则运算的认知诊断过程中，构建的属性可能是加法、减法、乘法、除法。此时每一种运算是一个属性，属性粒度较小。但在解方程的认知诊断过程中，四则运算能力本身可能就是一个属性。此时属性粒度增大。而在小学生数与代数的认知诊断过程中，可能四则运算本身不足以成为一个属性，此时的认知诊断测试中的属性粒度比前两个例子要大。属性粒度的确定取决于研究本身，不是越大或越小就越好。应以测验目的为基准，选定最能满足测试要求的粒度进行学生认知结构的评价。但在同一个研究中，属性粒度的大小应当一致，从数学表达上来看，属性群中的各个属性应该是上一级属性的一个划分④。结合认知属性的相关理论，属性群是一群同颗粒大小的属性集合，数量应控制在 10 个左右为宜。

3. 属性层级关系

Leighton，Gierl 和 Hunka 指出，认知属性不是独立的知识属性，而是从属于一个相互关联的网络，这些属性层级模型（Attribute Hierarchy Model，AHM）

---

① 汪文义，宋丽红. 教育认知诊断评估理论与技术研究[M]. 北京：北京师范大学出版社，2015：15-16.

② Wu X，Wu R，Chang H H，et al. International comparative study on PISA mathematics achievement test based on cognitive diagnostic models[J]. Frontiers in psychology，2020，11：2230.

③ 汪文义，宋丽红. 教育认知诊断评估理论与技术研究[M]. 北京：北京师范大学出版社，2015：14-16.

④ 这里的划分指把一个集合分为若干个子集，且这些子集之间没有交集，且其合集是原集。

可以分为线性型、收敛型、分支型和无结构型，并且这四种基本类型可以组合成为更加符合的结构。具体见图 1.1。[①]

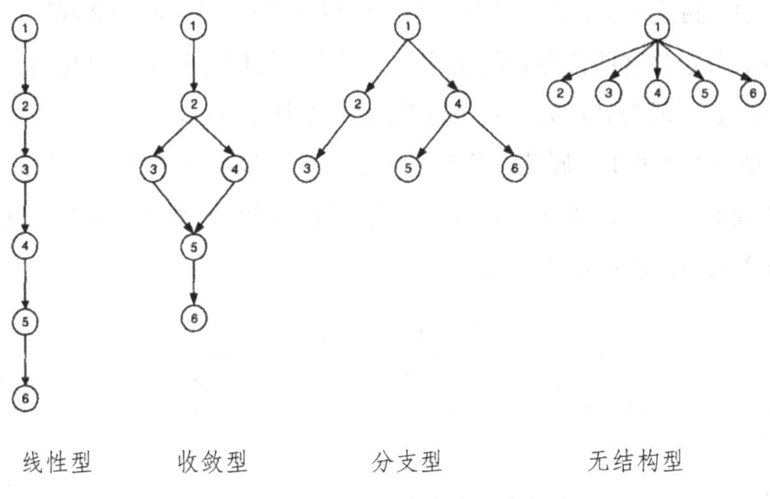

图 1.1 属性层级关系的四种类型

图 1.1 中每一个结构包含 6 个属性。一方面，上层是下层的先决条件。在线性型结构中，属性 1 是属性 2 的先决条件，也就是说，只有掌握属性 1 才能掌握属性 2。同理，只有掌握属性 2，才能掌握属性 3，以此类推。在收敛型结构中，属性 1 是属性 2 的先决条件，属性 2 则是属性 3 和属性 4 的先决条件，只有同时掌握属性 3 和属性 4，才能掌握属性 5。在分支型结构中，属性 1 是属性 2 和属性 4 的先决条件，属性 2 是属性 3 的先决条件，属性 4 是属性 5 和属性 6 的先决条件，但是掌握属性 5 不需要掌握属性 2 和属性 3。在无结构中，属性 1 是其他 5 个属性的先决条件，而属性 2 到属性 6 之间没有先决关系。另一方面，上层难度要低于下层难度。也就是说，上一级属性的难度一般要小于下一级难度。因此，构建认知属性的层级关系可以依靠知识逻辑，也可以依据难度划分。这些属性层级关系同时也是一种学习进阶次序，体现了理论上的知识学习的路线。

① Leighton J P，Gierl M J，Hunka S M. The attribute hierarchy method for cognitive assessment: A variation on Tatsuoka's rule-space approach[J]. Journal of educational measurement，2004，41(3): 205-237.

4. *Q* 矩阵

想要了解属性层级关系，获取学生学习进阶路线，必须经过教育测量。在测量过程中，测试组织者需要通过一系列题目来考查学生知识属性的掌握程度。这些题目需要包含这些待考查的属性。*Q* 矩阵就是描述测验题目与属性之间关系的矩阵，它一般是 *J* 行 *K* 列的 0–1 矩阵，其中每一行代表 1 个题目，共有 *J* 个题目；每一列代表 1 个属性，共有 *K* 个属性，如果 1 个题目考查了某个属性，则用 1 来表示，反之，用 0 来表示。假设一次考试中需要考查 4 个属性，共计编制了 6 个题目，*Q* 矩阵如表 1.1。

表 1.1　*Q* 矩阵示意图

	属性 1	属性 2	属性 3	属性 4
题目 1	1	0	0	0
题目 2	1	1	0	0
题目 3	1	1	1	0
题目 4	1	0	0	1
题目 5	1	1	0	1
题目 6	1	1	1	1

此 *Q* 矩阵表明，题目 1 考查了属性 1，但没有考查属性 2、3 和 4；题目 2 考查了属性 1 和属性 2，但没有考查属性 3 和属性 4；以此类推，题目 6 考查全部的属性。尽管 *Q* 矩阵看起来很简单，但在实际操作中还要考虑很多信息，如考查多少题目合适？哪些属性可以合并到 1 个题目中考查？是否存在假定的属性层级结构？想要获得 *Q* 矩阵一般有两种办法，第一种是在理论上构建假定的属性层级结构，通过层级结构构建出最适合的题目和属性组合（一般称为典型项目考查模式），再根据这个组合确定 *Q* 矩阵并命题。第二种是假定属性层级结构未知，通过经验构建题目，再通过分析知识属性构建 *Q* 矩阵。第一种方式多用于层级关系非常明确的情况，第二种方式在无法确定属性层级时使用较多，也可两者结合使用。

（二）认知诊断的模型分类与选择

根据理想掌握模式或题目获得 *Q* 矩阵后，对学生进行测试。根据认知诊断

模型和 ***Q*** 矩阵对每个学生作答完毕的反应（response）进行估计，就可以获得学生的属性模式。

1. **模型分类**

认知诊断包含大量的模型，不同的模型其本质都是对学生的作答反应或认知过程进行不同的解释。然后通过适当的模型选择方法选择最适合当前数据的模型，从而对认知过程进行深度解读。据统计，到 2020 年为止，已有的认知诊断模型已近百种，基于认知诊断模型的实证研究也在测量与评价领域不断拓展。其中，应用比较广泛的认知诊断模型有：线性 Logistic 特质模型 LLTM（linear logistic trait model）、规则空间模型 RSM（rule space model）、属性层级模型 AHM（Attribute Hierarchy Model）以及 DINA 模型系列，包括 DINA（deterministic inputs，noisy and gate model）、HO-DINA（高阶 DINA 模型）和 GDINA（generalized DINA）等。

应用这些模型进行认知诊断的好处是可以深入地探讨学生认知的形成过程，把以往宏观的分数转变为对学生个体统计知识掌握模式的研究。对教师而言，如果获得了学生知识属性掌握的具体信息，不仅可以从宏观上获得学生的学业水平评估，还可以从微观上对其进行针对性的指导。从技术发展来看，教育测量从服务选拔开始向个性化辅助培养转变，发挥人工智能优势，构建适合个人、更加开放灵活的教育是未来教育的发展趋势①。而认知诊断模型正是通过学生知识属性掌握情况进行个性化学习辅助的良好工具。学生本人可以根据认知诊断评估结果发现自己学习的薄弱环节，从而进行针对性补习；教师可以根据认知诊断结果有针对性地帮助学生弥补学业不足或提供个性化学习建议；智能化系统则可以根据认知诊断的结果推送最高效的学习资料。

认知诊断模型（CDM）包括三种不同类型的模型：补偿模型、非补偿模型和一般模型。在补偿模式中，考生的一项或多项属性可以弥补其他属性的不足。这意味着如果一个项目检查多个属性，参与者只需要掌握其中一个。它通常更多地用于心理学。例如，焦虑和抑郁都会导致失眠。相反，在非补偿模型中，缺乏对一个属性的掌握不能完全由其他属性在项目性能方面进行补偿；也就是

① 朱哲民，张华华. 认知诊断自适应测试的应用与展望[J]. 中国考试，2021(01): 41-46.

说，所有属性必须相互配合才能产生正确的答案 ①。在数学教育中，普遍使用的是非补偿模型。例如，对于加减法的混合运算，学生在掌握了加减法之后，最有可能做对。但统计教育受统计学科自身的特征影响，非补偿模型未必是最优选择。通用模型对公式进行一般化处理，也可以使得认知诊断模型在同一测试中允许两种类型的关系。

最著名的补偿模型是 DINO 模型 ②，最著名的非补偿（连接）模型是 DINA 模型 ③。DINA 模型包含两个项目参数，猜测参数和滑动参数。该模型将基于 DINA 模型，它是可用于二分法评分测试项目的最简单、也是最严格、可解释的认知诊断模型之一 ④。简化重新参数化统一模型 (R-RUM)⑤ 是一种潜在类连接模型，因为它假设学生的潜在能力空间可以分为精通和非精通，并且学生必须掌握所有必需的技能才能获得项目正确 ⑥。最著名的通用模型是通用 DINA（G-DINA）模型 ⑦。将 G-DINA 模型的部分参数特殊化，可以得到 DINA 模型

---

① Ravand H., Robitzsch A. Cognitive diagnostic modeling using R[J]. Practical Assessment, Research, and Evaluation, 2015, 20(1), 11.

② Templin J. L, Henson R. A. Measurement of psychological disorders using cognitive diagnosis models[J]. Psychological Methods, 2006, 11(3), 287-305.

③ Junker B. W, Sijtsma K. Cognitive assessment models with few assumptions, and connections with nonparametric item response theory[J]. Applied Psychological Measurement, 2001, 25(3), 258-272.

④ de la Torre J. The generalized DINA model framework[J]. Psychometrika, 2011, 76(2), 179-199.

⑤ Hartz S, Roussos L, Stout W. Skills diagnosis: Theory and practice[M]. User Manual for Arpeggio software. ETS. 2002.

⑥ Rossman A, Chance B, Medina E, et al. Some key comparisons between statistics and mathematics, and why teachers should care[J]. Thinking and reasoning with data and chance: Sixty-eighth annual yearbook of the National Council of Teachers of Mathematics, 2006.

⑦ de la Torre J. The generalized DINA model framework[J]. Psychometrika, 2011, 76(2), 179-199.

和 DINO 模型。此外，加法 CDM（A-CDM）① 假设每个必需的属性都唯一且独立地对成功概率做出贡献。LLM 是没有任何交互项的 logit 链接 G-DINA 模型②。用于认知诊断的具有潜在变量的对数线性模型 (LCDM)③ 是 RUM 的通用版本。尽管从经验上看，数学认知诊断研究会选择非补偿性和一般性模型，并且它们也最适合模型，但有时通用模型也是一种选择。下面仅介绍三种最常用的模型 DINA 模型、DINO 模型和 G-NINA 模型。

DINA 模型的项目反应函数表达式为：

$$P(X_{ij}=1|\alpha_i)=(1-s_j)^{\eta_{ij}}g_j^{1-\eta_{ij}}$$

其中，η_{ij} 代表第 i 个学生是否掌握了第 j 个题的所有属性，取值为 1 或 0。如果掌握了所有的属性则为 1，反之为 0。计算公式为

$$\eta_{ij}=\prod_{k=1}^{K}\alpha_{ik}^{q_{jk}}$$

其中 k 代表第 k 个属性，q_{jk} 代表第 j 个题目是否考查了第 k 个属性，如果考查了第 k 个属性则记为 1,反之记为 0。α_{ik} 代表第 i 个学生是否掌握了第 k 个属性，如果掌握了第 k 个属性记为 1，反之记为 0。如果第 j 个题目考查了第 k 个属性，且第 i 个学生掌握了这个属性，则 $\alpha_{ik}^{q_{jk}}=1^1=1$；如果第 j 个题目考查了第 k 个属性，且第 i 个学生没有掌握了这个属性，则 $\alpha_{ik}^{q_{jk}}=0^1=0$；如果第 j 个题目没有考查第 k 个属性，且第 i 个学生掌握了这个属性，则 $\alpha_{ik}^{q_{jk}}=1^0=1$；如果第 j 个题目没有考查第 k 个属性，且第 i 个学生没有掌握这个属性，则 $\alpha_{ik}^{q_{jk}}=0^0=1$。可以看出当且仅当第 j 个题目考查了第 k 个属性，且第 i 个学生没有掌握这个属性时 $\eta_{ij}=0$，其他情况下均有 $\eta_{ij}=1$。这一链接模式可以解释为一个有 K 个队员的团队要进入一个大门，那么这个团队是否能进入这个大门取决于是否所有人都能进入这个大门，如果有一个人因为某种原因无法进入这个大门，那么

① de la Torre，J. The generalized DINA model framework[J]. Psychometrika，2011，76(2)，179-199.

② Maris E. Estimating multiple classification latent class models[J]. Psychometrika，1999,64(2)，187-212.

③ Henson R A，Templin J L，Willse J T. Defining a family of cognitive diagnosis models using log-linear models with latent variables[J]. Psychometrika，2009,74(2)，191.

此时有某个 $\alpha_{ik}^{q_{jk}}=0$，那么整个团队作为一个整体就无法通过这个大门，即 $\eta_{ij}=0$。所以此模型被称为型 Deterministic Input，Noisy“And”gate model。确认了 η_{ij} 值后，模型的值取决于 s_j 和 g_j 的取值，公式为：

$$s_j = P(X_{ij}=0|\eta_{ij}=1)$$

$$g_j = P(X_{ij}=1|\eta_{ij}=0)$$

其中 X_{ij} 是被试在题目上的作答反应，因此 s_j 是当被试掌握了考查属性且又做错了题目时的概率，可以理解为被试的失误参数（slip parameter）；g_j 是当被试没有掌握考查属性且又做对了题目时的概率，可以理解为被试的猜测参数（guess parameter）。这两个参数的取值与项目反应理论中的四参数模型有异曲同工之妙。特别地，在估计模型参数时会假设 $1-s_j \geqslant g_j$，也就是说，要保证被试在掌握所有属性的情况下其做对的概率（$1-s_j=1-P(X_{ij}=0|\eta_{ij}=1)=P(X_{ij}=1|\eta_{ij}=1)$）大于等于猜测概率。显然地，如果不能保证上述不等式，那么被试靠猜测做对的概率要大于靠自己掌握所有考试属性情况下的做对概率，那么学生没有必要真实作答，只需要猜测即可。因此这个前提显然成立。

DINO 模型项目反应函数表达式为：

$$P(X_{ij}=1|\omega_i)=(1-s_j)^{\omega_{ij}}g_j^{1-\omega_{ij}}$$

其中，ω_{ij} 代表第 i 个学生是否掌握了第 j 个题的某个属性，取值为 1 或 0。如果学生掌握了考查的某个属性则记为 1，反之为 0。计算公式为

$$\omega_{ij}=1-\prod_{k=1}^{K}(1-\alpha_{ik})^{q_{jk}}$$

其中，k 代表第 k 个属性，q_{jk} 代表第 j 个题目是否考查了第 k 个属性，如果考查了第 k 个属性则记为 1，反之记为 0。α_{ik} 代表第 i 个学生是否掌握了第 k 个属性，如果掌握了第 k 个属性记为 1，反之记为 0。如果第 j 个题目考查了第 k 个属性，且第 i 个学生掌握了这个属性，则 $\alpha_{ik}^{q_{jk}}=1^1=1$；如果第 j 个题目考查了第 k 个属性，且第 i 个学生没有掌握了这个属性，则 $\alpha_{ik}^{q_{jk}}=0^1=0$；如果第 j 个题目没有考查第 k 个属性，且第 i 个学生掌握了这个属性，则 $\alpha_{ik}^{q_{jk}}=1^0=1$；如果第 j 个题目没有考查第 k 个属性，且第 i 个学生没有掌握这个属性，则 $\alpha_{ik}^{q_{jk}}=0^0=1$。如果被试掌握了第 j 个题目考查的其中的 1 个属性，那么对应的 $1-\alpha_{ik}=0$，$q_{jk}=1$，此时必有 $\prod_{k=1}^{K}(1-\alpha_{ik})^{q_{jk}}=0$，则有 $\omega_{ij}=1-\prod_{k=1}^{K}(1-\alpha_{ik})^{q_{jk}}=1$。

反之，如果被试没有掌握第 j 个题目考查的任何一个属性，那么对所有的考查的属性 k 有 $1-\alpha_{ik}=1$，$q_{jk}=1$，此时必有 $\prod_{k=1}^{K}(1-\alpha_{ik})^{q_{jk}}=1$，则有 $\omega_{ij}=1-\prod_{k=1}^{K}(1-\alpha_{ik})^{q_{jk}}=0$；对于没有考查的属性 k 则有 $q_{jk}=0$，同样的必有 $\prod_{k=1}^{K}(1-\alpha_{ik})^{q_{jk}}=1$，则有 $\omega_{ij}=1-\prod_{k=1}^{K}(1-\alpha_{ik})^{q_{jk}}=0$。综上可以看出，当且仅当第 j 个题目考查了 k 个属性，且第 i 个学生没有掌握其中任何一个属性时 $\omega_{ij}=0$，其他情况下均有 $\eta_{ij}=1$。所以，此模型被称为型 deterministic input；noisy“or” gate model。确认了 ω_{ij} 值后，模型的值同样取决于 s_j 和 g_j 的取值。

G-DINA 模型由 de la Torre 于 2011 年提出[①]，是目前最为流行的通用模型。G-DINA 模型没有直接考虑属性间“and”与“or”关系，而是把正确反应概率与属性主效应和属性间效应进行链接，反应函数可以表示为

$$P(\alpha_{lj}^{*})=\delta_{j0}+\sum_{k=1}^{K_j^{*}}\delta_{jk}\alpha_{lk}+\sum_{k'=k+1}^{K_j^{*}}\sum_{k=1}^{K_j^{*}-1}\delta_{jkk'}\alpha_{lk}\alpha_{lk'}+\cdots+\delta_{j12\cdots K_j^{*}}\prod_{k=1}^{K_j^{*}}\alpha_{lk}$$

其中，δ_{j0} 是项目 j 的截距；δ_{jk} 是 α_k 的主效应；$\delta_{jkk'}$ 是 α_k 和 $\alpha_{k'}$ 的交互效应；$\delta_{j12\cdots K_j^{*}}$ 是 α_k 到 $\alpha_{K_j^{*}}$ 的交互效应；$K_j^{*}=\sum_{k=1}^{K}q_{jk}$ 代表第 j 个题目考查的属性总数量，最小值为 1，最大值为 K；l 代表第 l 种属性模式，取值为 1 到 $2^{K_j^{*}}$。

具体来看，项目 j 的截距 δ_{j0} 是被试一个属性都没有掌握的情况下（$\alpha_k=0$）的正确反应概率，可以理解为猜测参数。当题目考查了 2 个属性（假设为第 1 个属性和第 2 个属性），此时如果被试掌握了这两个属性（$\alpha_1=1,\alpha_2=1$），则有

$$P(\alpha_{lj}^{*})=\delta_{j0}+\sum_{k=1}^{2}\delta_{jk}\alpha_{lk}+\sum_{k'=k+1}^{2}\sum_{k=1}^{1}\delta_{jkk'}\alpha_{lk}\alpha_{lk'}=\delta_{j0}+\delta_{j1}+\delta_{j2}+\delta_{j12}$$

即此时学生的正确反应概率是猜测概率和属性 1 的主效应、属性 2 的主效应以及属性 1 和属性 2 的交互效应的和。这里的 δ_{jk}、$\delta_{jkk'}$ 到 $\delta_{j12\cdots K_j^{*}}$ 取值都为正值，换言之，学生每掌握 1 个题目所测量的属性都会增大他的正确反应概率。

DINA 可以通过对参数取特殊值转变为 DINA 模型和 DINO 模型。

当除 δ_0 和 $\delta_{j12\cdots K_j^{*}}$ 外的所有参数都取 0 时，G-DINA 模型转变为

$$P(\alpha_{lj}^{*})=\delta_{j0}+\delta_{j12\cdots K_j^{*}}\prod_{k=1}^{K_j^{*}}\alpha_{lk}$$

按照前述定义，此时 δ_0 是猜测参数。而当被试掌握了所有的考查属性

---

① de la Torre, J. The generalized DINA model framework[J]. Psychometrika, 2011, 76(2), 179-199.

时，有

$$P(\alpha_{lj}^*) = \delta_{j0} + \delta_{j12\cdots K_j^*}\prod_{k=1}^{K_j^*}\alpha_{lk} = \delta_{j0} + \delta_{j12\cdots K_j^*}$$

根据 DINA 模型的定义可知，此时 $P(\alpha_{lj}^*) = \delta_{j0} + \delta_{j12\cdots K_j^*} = 1 - s_j$，而且当且仅当被试掌握了所有考查属性时 $P(\alpha_{lj}^*) = \delta_{j0} + \delta_{j12\cdots K_j^*}$，若否，则必存在 k 使得 $\alpha_{lk} = 0$，则 $\delta_{j12\cdots K_j^*}\prod_{k=1}^{K_j^*}\alpha_{lk} = 0$。

若想把 G-DINA 模型转换为 DINO 模型，只需将

$$\delta_{jk} = -\delta_{jk'k''} = \cdots = (-1)^{K_j^*+1}\delta_{j12\cdots K_j^*}$$

其中，$k = 1,\cdots,K_j^*,\ k' = 1,\cdots,K_j^* - 1,\ k'' > k',\cdots,K_j^*$。也就是说，除了根据相互作用的顺序变化符号的交替外，主效应和相互作用的大小也被限制为是相同的。和 DINA 模型中的定义相同，DINO 模型中的猜测参数也是被试没有掌握任何 1 个属性时的正确反应概率。此时 $P(\alpha_{lj}^*) = \delta_{j0}$，即为猜测参数。如果被试在某个属性模式 l 下掌握了考查的第 j 题考查的某个属性，仍以掌握了前 2 个考查属性为例，有

$$\begin{aligned} P(\alpha_{lj}^*) &= \delta_{j0} + \delta_{j1} + \delta_{j2} + \delta_{j12} \\ &= \delta_{j0} + \delta_{j1} \end{aligned}$$

若在一般情况下，$1 - s_j = \delta_{j0} + \delta_{jk}$。

至此，G-DINA 退化成为 DINA 模型和 DINO 模型。理论上，G-DINA 模型比 DINA 和 DINO 模型具有更广的适用范围，也可以退化称为 A-CDM 模型。G-DINA 模型允许不同属性之间进行不同的组合而获得交互效应，具有更一般的适用范围。但是，在实际操作中，数据与哪个模型更加接近不得而知，这就需要针对数据对不同的模型进行选择。模型选择是认知诊断中不可缺少的步骤。

2. 模型选择

尽管认知诊断模型种包含大量的模型，但在实际应用中往往假设某次考试的数据只符合其中一个或几个模型。如在数学考试中，最常使用的是DINA模型。这是因为在数学考试中，一位学生如果没能掌握某个知识，那么其他知识不能起到替代作用。如在四则运算中，如果一位同学不会除法，那么很难用其他运算法解决除法问题。在社科类考试中，使用 DINO 模型较多，这是因为从文科的思维角度看，一些能力可以互补。如在心理学当中，对象暴饮暴食、睡眠障碍、精神萎靡等都是抑郁的表现，此时无论哪个症状出现，都可以作为抑郁诊断的

依据之一，即这些表现可以互补。但是，真实数据到底符合哪种模型（或符合复合模型）研究者很难提前知晓。因此，需要根据数据进行模型选择。

模型选择就是根据特定算法在一系列模型中选出和数据最贴合的模型。大量的认知诊断实践表明，选择合适的认知诊断模型是准确诊断或分类受试者的重要前提①。在认知诊断模型的相关研究中，使用较多的是采用赤池信息准则（AIC）和贝叶斯信息准则（BIC）作为参考标准。公式如下：

$$\mathrm{AIC} = -2\log(\hat{L}) + 2t$$

$$\mathrm{BIC} = -2\log(\hat{L}) + \log(s)\cdot t$$

其中，$\hat{L}$ 是极大似然函数，s 是观察的数量，t 是要估计的自由参数的数量。BIC 和 AIC 的差异在于 BIC 对参数进行了惩罚，以防止数据拟合度高是由于模型复杂所导致。AIC 估计每个模型相对于其他模型的质量。BIC 是在有限的模型集中选择模型的标准，AIC 和 BIC 中值最低的模型都是首选②。至此，认知诊断理论下的基本流程表述完毕。

此外，以认知诊断为基础的认知诊断自适应测验也在我国产生很多成果。罗照盛等人借鉴已有相关研究的数据生成模式进行探索，提出了基于属性掌握概率的认知诊断计算机化自适应测验选题策略③。朱哲民等人总结了认知诊断自适应测试的发展，并介绍了目前国外的最新技术④。高旭亮等人探讨了多级计分 CD-CAT（Polytomous CD-CAT，PCD-CAT）的实现技术，并提出了 2 种新的

① Tatsuoka，K. K. Caution indices based on item response theory[J]. Psychometrika，1984，49(1)，95-110.

② Zhu Z，Wang C，Tao J. A Two-Parameter Logistic Extension Model：An Efficient Variant of the Three-Parameter Logistic Model[J]. Applied Psychological Measurement，2019，43(6)，449-463.

③ 罗照盛，喻晓锋，高椿雷，等. 基于属性掌握概率的认知诊断计算机化自适应测验选题策略[J]. 心理学报，2015，47(05)：679-688.

④ 朱哲民，张华华. 认知诊断自适应测试的应用与展望[J]. 中国考试，2021(01)：41-46.

选题方法①。罗芬等人开发了基于 Gini 指数的选题策略②。涂冬波等人提出了基于认知诊断的自适应学习材料智能推送算法③。

二、认知诊断测验的开发模式

本研究使用认知诊断进行学习进阶研究，需要先确定基于认知诊断的学习进阶研究基本范式。学习进阶是学生在一个时间跨度内学习某属性群过程中，体现出来的从易到难、从单一到复合、从低水平到高水平的知识掌握顺序④。学习进阶应由属性群、进阶起点、进阶终点、进阶路线、水平划分构成。具体含义见表 1.2。

表 1.2　学习进阶基本要素构成及含义

基本要素	具体含义
属性群	在学习进阶研究中，作为研究对象构成的集合
进阶起点	学生学习的初始状态，学生在开始学习属性群前所掌握的知识
进阶终点	学生掌握了所有属性（知识）的状态
进阶路线	学生由进阶起点到进阶终点过程中掌握知识的顺序
水平划分	不同知识点所处的水平层次

基于认知诊断的学习进阶研究可以认为是在确定了进阶起点和进阶终点后，以认知诊断为工具，寻找进阶路线从而观测学生学习表现的过程。在这个过程中，最重要的工作就是认知诊断测验的开发。一般认为认知诊断测验开发

① 高旭亮，王芳，龚毅．多级计分认知诊断计算机化自适应测验的新选题方法[J]．心理科学，2021，44(03)：728-736.

② 罗芬，王晓庆，蔡艳，涂冬波．基于Gini 指数的认知诊断计算机化自适应选题策略[J]．心理科学，2021，44(02)：440-448.

③ 涂冬波，张咏．基于认知诊断的自适应学习材料智能推送算法研究[J]．江西师范大学学报(自然科学版)，2020，44(01)：20-27.

④ Jia B，Zhu Z，Gao H．International Comparative Study of Statistics Learning Trajectories Based on PISA Data on Cognitive Diagnostic Models[J]．Frontiers in Psychology，2021，12.

的方法有两种：一种是先建立认知模型，再设计测验任务；另一种则相反，先有测验任务，然后通过事后分析出认知模型[①]。下面分别简述这两种方式的基本范式以及适用范围。

（一）先构建进阶模型后设计测试模式

先构建模型后进行测试的基本思路是先通过理论分析获得不同认知属性之间的层级关系，然后根据层级关系确定 ***A*** 矩阵、***R*** 矩阵和理想掌握模式，最后根据理想掌握模式构建 ***Q*** 矩阵进行测验题目的编制。

1. *A* 矩阵

A 矩阵又叫邻接矩阵（adjacency matrix），是表达属性关系的矩阵，可以用于获取典型项目考查模式。想要确定 ***A*** 矩阵，需要知晓假定属性层级结构。假设上文介绍的 4 个属性具有以下层级关系，见图 1.2。

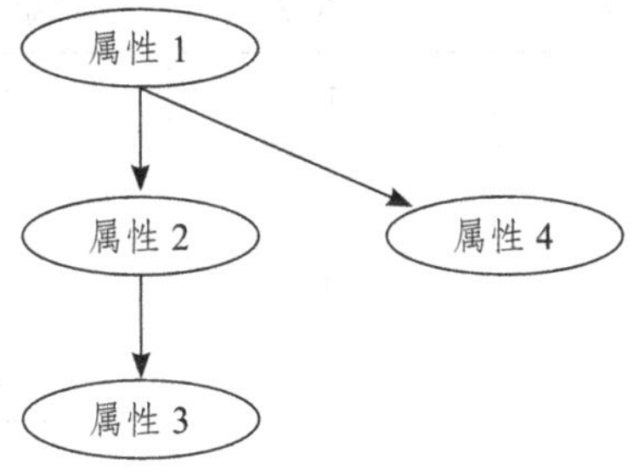

图 1.2　假定的属性层级关系

此时可以看出，属性 1 是属性 2 和属性 3 的先决条件，属性 2 是属性 3 的先决条件，假设每两个存在直接关系的属性用 1 来表示，每个属性和自身没有直接关系，建立以下矩阵，见表 1.3。

表 1.3　***Q*** 矩阵示意图

	属性 1	属性 2	属性 3	属性 4
属性 1	0	1	0	1
属性 2	0	0	1	0

① 汪文义，宋丽红，教育认知诊断评估 理论与技术研究[M] 北京：北京师范大学出版社，2015 年，137-138.

续表

	属性 1	属性 2	属性 3	属性 4
属性 3	0	0	0	0
属性 4	0	0	0	0

其中，第 1 行可以看出，属性 1 和自身没有直接关系，用 0 表示；而和属性 2 和属性 4 有直接关系，用 1 表示；属性 1 和属性 3 没有直接关系，用 0 表示。

2. *R* 矩阵

R 矩阵又称可达矩阵（reachability matrix）是由 ***A*** 矩阵计算得来的矩阵，表示每 1 行代表此行所代表的属性可否得到每 1 列代表的属性。由上文中的 ***A*** 矩阵可知，此假设的属性层级关系代表的 ***R*** 矩阵见表 1.4。

表 1.4　***R*** 矩阵示意图

	属性 1	属性 2	属性 3	属性 4
属性 1	1	1	1	1
属性 2	0	1	1	0
属性 3	0	0	1	0
属性 4	0	0	0	1

在 ***R*** 矩阵中，自身和自身的关系用 1 表示。在第 1 行可知，掌握属性 1 是属性 2、属性 3 和属性 4 的前提，换言之，只有掌握属性 1，属性 2、3 和 4 才可以达成。在第 2 行中，属性 2 不是属性 1 掌握的前提，用 0 表示；属性 2 和自身关系用 1 表示；属性 2 是属性 3 掌握的前提，用 1 表示；属性 2 不是属性 4 的前提，用 0 表示。当题目或属性过多时，***R*** 矩阵不能直接与出。此时 ***R*** 矩阵也可以由 ***A*** 矩阵计算得出，其算法为 $\boldsymbol{R}=(\boldsymbol{R}+\boldsymbol{I})n$，其中 ***I*** 为单位矩阵，$n$ 取自然数。当计算次数足够大时，公式的计算结果稳定不变，即为 ***R*** 矩阵。

3. 理想掌握模式

确定 ***R*** 矩阵的目的是获得理想掌握模式。理想掌握模式是指根据属性间的层级关系，最符合逻辑的所有掌握模式。图 1.2 中共有 4 个属性，对学生而言，每个属性有掌握和不掌握 2 种可能性，所以有 $2^4=16$ 种可能的属性模式（attribute pattern），属性模式在数学学习进阶中一般可以理解为知识状态，见表 1.5。

表 1.5　4 个属性的所有可能掌握模式（知识状态）

	属性 1	属性 2	属性 3	属性 4		属性 1	属性 2	属性 3	属性 4
模式 1	0	0	0	0	模式 9	0	1	1	0
模式 2	1	0	0	0	模式 10	0	1	0	1
模式 3	0	1	0	0	模式 11	0	0	1	1
模式 4	0	0	1	0	模式 12	1	1	1	0
模式 5	0	0	0	1	模式 13	1	1	0	1
模式 6	1	1	0	0	模式 14	1	0	1	1
模式 7	1	0	1	0	模式 15	0	1	1	1
模式 8	1	0	0	1	模式 16	1	1	1	1

表 1.5 中，模式 1 代表学生没有掌握任何 1 个知识，所以第 1 行数字为 0。模式 2 代表学生掌握了第 1 个知识，而没有掌握知识 2、3 和 4。根据图 3，模式 1 和模式 2 都有存在的可能。模式 3 代表学生掌握了知识 2，而没有掌握知识 1、3 和 4，根据图 1.2，这种情况并不存在，所以模式 3 不符合逻辑。把所有符合逻辑的情况单独列表，得到的即为理想掌握模式。

表 1.6　依据图 1.2 得到的理想掌握模式

	属性 1	属性 2	属性 3	属性 4
模式 1	0	0	0	0
模式 2	1	0	0	0
模式 6	1	1	0	0
模式 8	1	0	0	1
模式 12	1	1	1	0
模式 13	1	1	0	1
模式 16	1	1	1	1

表 1.6 给出了图 1.2 对应的理想掌握模式。理想情况下，学生有且只有这 7 种掌握模式，根据这 7 种掌握模式就可以进行下一步的命题编制。当题目或知

识数量较多时，理想掌握模式可以利用扩张算法[1]，通过 ***R*** 矩阵计算获得。在获得了理想掌握模式后，根据每个模式进行一道或多道命题，把这些题目和知识组合在一起就可以获得上文提到的 ***Q*** 矩阵。但在实际操作中，由于可能存在其他未考查知识的干扰，或其他原因，非理想掌握模式也可能出现。所以实际测量时根据测试题目进行 ***Q*** 矩阵的编写，或两种方案同时使用也比较常见。

4. 应用范围

先构建模型后制定测验的方式适合于知识层级结构相对清晰的测试。

一般认为，在数学学习中，一维题目要比二维题目简单。从逻辑层面，学生必须先学习一维知识，然后才能在一维知识掌握的情况下学习二维知识。这是因为从知识层面，二维知识是一维知识的拓展，二维知识可以拆分成一维知识，学生只有学习了一维知识才能掌握二维知识；从认知层面来看，二维知识至少属于 SOLO 结构中的 Multistructural 层面，其认知难度也要高于一维知识。因此，从学习进阶角度，认为学生需要先学习一维知识再学习二维知识具有科学性和合理性。以此为基础，一般在数学学习进阶研究中，都会先假设学习进阶路线存在，然后通过测试分析进阶模型的合理性。

例如，白胜南构建了概率学习的属性层级关系[2]。其中 A1 为随机性，A2 为一维样本空间，A3 为二维样本空间。从知识逻辑上来看，学生必须先掌握随机性，也就是知道有些事件结果是可能发生，有些事件的结果是不可能发生，然后才能够列举事件可能出现的结果，也就是样本空间。这样在知识层面上，A1 一定是 A2 的先决条件。同样的，学生只有掌握了 A2，才能够掌握 A3。一维概率比较 A4 也一定在二维概率比较 A5 之前。而从学生认知发展上来看，二维概率比较 A5 又一定在 A7 二维概率计算之前（见图 1.3）。这样，概率知识的属性层级关系就可以合理地推断出来。接下来只要根据推断出来的属性层级关系构建测试题目，就可以对测试题目的结果使用认知诊断技术进行验证，从而确定学生概率知识的属性层级结构。

---

① 涂冬波，蔡艳，丁树良. 认知诊断理论、方法与应用[M]. 北京：北京师范大学出版社，2012.

② 白胜南. 中学生概率概念学习进阶的构建问题研究[D]. 长春：东北师范大学，2021.

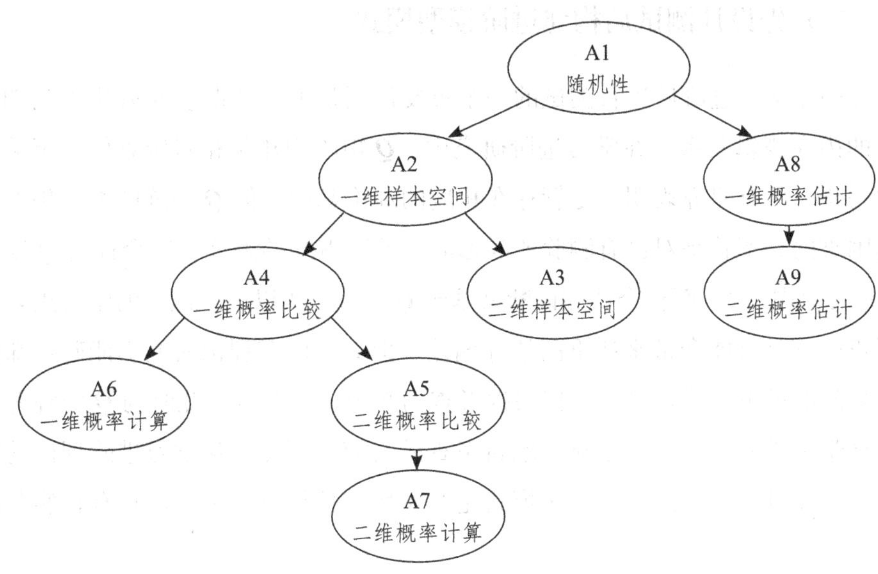

图 1.3 白胜男博士构建的概率知识层级关系

因此，先构建学习进阶模型后制定测验的方式适合于知识层级结构清晰的测试。但在统计教育中，知识点的难易程度和认知顺序有时很难确定，如 Jia 等人的研究结果表明，不同国家在统计知识学习进阶路线上存在差异：保加利亚、哥斯达黎加和秘鲁的学习进阶路线相同，墨西哥和塞尔维亚有着相同的学习进阶路线，墨西哥、塞尔维亚、哥伦比亚和约旦从未掌握知识级到掌握两个知识级的学习进阶路线相同，但从掌握两知识级别到掌握四知识级别的学习进阶路线不同[①]。此外，在使用外来数据时，由于测试已经发生，所以无法使用先构建学习进阶模型后制定测验的方式。例如，使用 PISA 数据或 TIMSS 数据进行分析时，测试已经发生，不可能通过 $\boldsymbol{Q}$ 矩阵重新命题。此时就需要根据习题内容分析其所考查的矩阵，就会出现先有试题而后有矩阵的情况。这些情况，则需要先设计测试后构建学习进阶模式。

---

① Jia B，Zhu Z，Gao H. International Comparative Study of Statistics Learning Trajectories Based on PISA Data on Cognitive Diagnostic Models[J]. Frontiers in Psychology，2021，12.

（二）先设计测试后构建进阶模型模式

先构建学习进阶后进行测试的一个重要依据是可以获得 $\boldsymbol{Q}$ 矩阵中不同知识之间的内在逻辑关系。在学习进阶研究中，$\boldsymbol{Q}$ 矩阵构建是相对困难但又至关重要的一步。已有研究表明，尽管存在相应的理论基础，但 $\boldsymbol{Q}$ 矩阵的编写仍然是极其困难的。不管是对已有测验或为诊断目的而编制的测验，完全标定 $\boldsymbol{Q}$ 矩阵都是一个挑战[①②]。而整个认知诊断又基于 $\boldsymbol{Q}$ 矩阵。所以一旦假设的学习进阶模型不正确，就可能会带来严重的估计偏差。但如果已有理论研究不能确定知识属性之间的逻辑关系，可以直接根据考查的知识进行标定。此时的 $\boldsymbol{Q}$ 矩阵并不能体现学习进阶路线，只是显示题目考查的对应知识点。从学习进阶理论的发展来看，先设计测试后构建进阶模式是此领域的传统方式之一，具有较悠久的历史。

从历史上来看，先设计测试后构建进阶模型的出现更早。甚至更早期只有频数和频率作为分析工具，那么通过显性指标寻找变化点是研究者最主要的研究思路。这种思路下的研究都是先进行测试，再根据测试结果中某个指标的变化来构建进阶模式。

澳大利亚昆士兰科技大学（Queensland University of Technology）的 Lyn d. English 从 1988 年开始进行了一项关于离散型任务组合的研究，此项成果最早发表于 1991 年[③]。在这项研究中，English 根据对儿童表现的分析揭示了儿童在解决排列组合问题中使用的 6 种解决策略，包括从随机选择项目到项目选择的系统模式。随后，1993 年，English 调查了 7 ~ 12 岁儿童在解决新组合问题时自发应用的策略，特别地，English 在他的研究中发现了儿童策略进阶的拐

---

① 汪文义，宋丽红. 教育认知诊断评估理论与技术研究[M]. 北京：北京师范大学出版社，2015.

② DeCarlo L T. On the analysis of fraction subtraction data: The DINA model, classification, latent class sizes, and the Q-matrix[J]. Applied Psychological Measurement, 2011, 35(1): 8-26.

③ English L D. Young children's combinatoric strategies[J]. Educational studies in Mathematics, 1991, 22(5): 451-474.

点[①]。此项研究的基本策略是把儿童单独分配一组 6 个问题，包括给玩具熊穿各种可能的上衣和裤子（二维）或上衣、裤子和网球拍（三维）的组合，通过研究不同年龄、不同策略下的解决问题人数，寻找儿童认知的拐点。在这项研究中，English 采用了先设计问题，后根据结果推测进阶拐点的策略。这项研究一直持续到 2007 年[②]。

2004 年 Kikumi K. Tatsuoka 和 James E. Corter 采用规则空间模型方法比较了 20 个国家样本中八年级学生的数学成绩，分析了第三次国际数学与科学研究修订(TIMSS-R，1999) 的数据[③]。这次研究使用了规则空间模型。两位学者首先定义了 23 个知识，一个专家团队根据成功解决每个项目所需的知识对测试项目进行编码，随后根据专家的审议结果依据解决问题所需要的知识定义 $\boldsymbol{Q}$ 矩阵。数据集准备好后，使用为此目的开发的专用软件进行规则空间分析，然后测量学生对 23 个特定内容知识和处理子技能（也就是“知识”）的掌握程度，最后对 20 个选定国家的每个知识的平均掌握水平进行了比较。本次研究也没有先构建进阶模型，而是根据测量的结果获得每个知识的掌握水平，然后对不同“知识”的掌握述评使用聚类分析，找到相同难度的“类”，最后依据水平大小进行排序。研究对不同知识掌握水平的大小进行了讨论，如研究发现新加坡、韩国和中国香港地区的学生取得高平均成绩的主要原因是掌握了代数技能和复杂的管理技能。此项研究依据学生掌握水平的大小对不同知识的掌握程度进行排序，比 English 于 1993 年使用频数的方式要更加科学，并且具有了进阶雏形。

2008 年 Dogan 使用规则空间模型对参与 TIMSS 的不同国家学生数据进行

---

① English L D. Children’s Strategies for Solving Two-and Three-Dimensional Combinatorial Problems[J]. Journal for research in Mathematics Education, 1993, 24(3): 255-273.

② English L D. Children’s strategies for solving two-and three-dimensional combinatorial problems[M]//Stepping Stones for the 21st Century. Brill, 2007: 139-158.

③ Tatsuoka K K, Corter J E, Tatsuoka C. Patterns of diagnosed mathematical content and process skills in TIMSS-R across a sample of 20 countries[J]. American educational research journal, 2004, 41(4): 901-926.

了比较[①]。此项研究也是先确定测试中的数学认知技能（“知识”）。根据“知识”对 162 个项目进行编码，创建 ***Q*** 矩阵，然后利用 ***Q*** 矩阵和学生回答数据，确定每个学生的知识掌握概率，最后计算出土耳其学生的平均知识掌握水平，并与美国同龄人进行了比较。此项研究的方法和流程几乎和 2004 年 Kikumi K. Tatsuoka 和 James E. Corter 的研究完全一致。但是需要指出的是，Dogan 根据知识掌握的多少对学生知识掌握模式分类后，探讨了这些模式之间的内在逻辑。其基本思路是如果一个掌握知识模式（如（1，1，0，0），其中 1 代表掌握，0 代表没掌握）完全在另外一个知识掌握模式之前（如（1，1，1，0）），那么就可以说明他们之间存在路线关系。以此为依据，Dogan 构建出了 4 条进阶路线。Dogan 的方法在 Tatsuoka 的基础上更进一步，通过知识模式之间的关系构建进阶路线更加科学易懂，并且具有很好的解释力。至此，此种研究模式基本固定，并且相关研究广泛开展。

2020 年，东北师范大学的武小鹏教授延续了 Dogan 的思路，进行了学习进阶研究[②]。该研究中，武小鹏教授使用认知诊断技术替换了规则空间模型方法。基于 PISA 考试，从三个维度构建了 11 个知识属性，通过对 10 个国家的 24512 名学生的 12 个测试项目进行分析，形成 ***Q*** 矩阵，通过模型比较，选择模型拟合较好的线性 logistic 模型（LLM）作为参数评价模型，随后使用 LLM 模型估计被试者在知识上的掌握概率。并且通过对不同知识模式之间的内在关系进行层级关系构建，最终确定了 10 个国家在数学知识上的学习进阶路线。和已有研究方式相比，武小鹏教授把认知诊断引入了学习进阶研究，替换了已有的 RASM 方法。基于认知诊断估计出的结果是学生对每个知识的掌握概率，更加易于理解和解释。

---

① Dogan E，Tatsuoka K. An international comparison using a diagnostic testing model: Turkish students' profile of mathematical skills on TIMSS-R[J]. Educational Studies in Mathematics，2008，68：263-272.

② Wu X，Wu R，Chang H H，et al. International comparative study on PISA mathematics achievement test based on cognitive diagnostic models[J]. Frontiers in psychology，2020，11：2230.

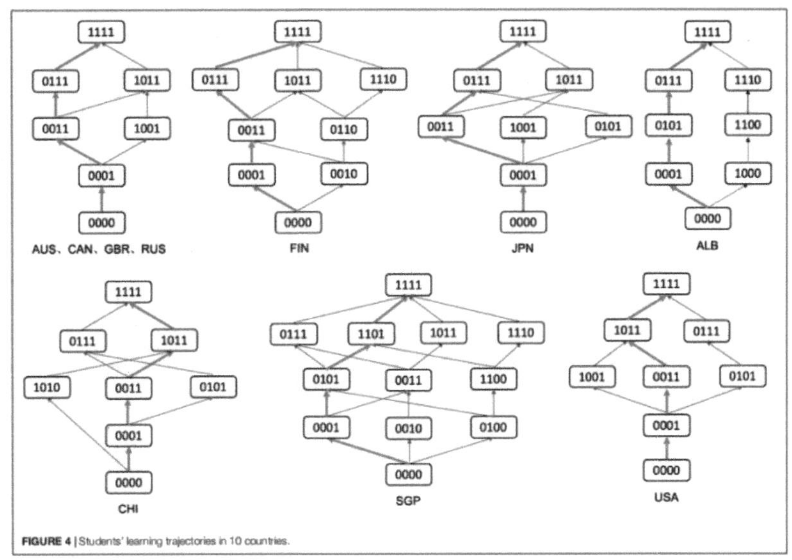

图 1.6　2020 年武小鹏教授使用认知诊断构建学习进阶路线

以上研究都是直接构建了题目考查的知识点，但在测试之前并不知道这些知识点之间存在什么样的内在顺序。通过测试结果中学生掌握概率或正确作答水平，对知识掌握情况进行排序后，才能够获得学生的学习进阶路线。

综上可以看出，先设计测试后构建进阶模型模式具有悠久的历史，也符合已有研究的范式。并且在无法提前确定学习进阶路线时具有较好的应用效果。特别是在没有办法控制试题，而只能使用已有题库时，可以使用本此方式。

三、小结

综上，先构建初步学习进阶后设计测试和先进行测试后构建学习进阶路线都是学习进阶研究中的重要方式。综合两种方式的优点，本研究遵循已有的研究结果，尝试先使用已有国际数据库中的题目作答数据和已有文献分析统计知识之间可能存在的层级关系，再根据层级关系构建测试题目，之后通过专家访谈进行验证，最后通过认知诊断模型对大规模测试结果进行分析，从而获得学习进阶路线。

本次研究的内容是小学统计知识的学习进阶路线，基本步骤如下：确定统计知识；分析知识层级关系；确定测试题目和 $\boldsymbol{Q}$ 矩阵；试卷质量分析；模型选择；参数估计；层级关系整理；确定学习进阶路线等步骤，具体论述请见下一章。

第二章
研究设计

本章主要承接上两章的内容，对本研究的问题进行研究设计。具体包括设计依据、研究框架、研究方法以及测试对象。

一、设计依据

本研究依据已有的研究范式，遵循“评估三角（assessment triangle）”的设计理念，主要采用文献法、文本分析法和调查研究法解析小学生统计知识学习进阶路线。

评估三角是为评估提供的一种统一的范式，它代表了从证据进行推理的过程[①]。评估三角设计理念强调证据中心的设计(evidence-centered design，ECD)，从而使得评估更加贴近实践，并强调了设计框架的共性[②]。评估三角认知测评系统由三个部分构成，分别是认知(cognition)、观察(observation)、解释(interpretation)。它们分别对应着学生在某个课程领域中的知识表现和能力发展

① Pellegrino J W，Chudowsky N，Glaser R. Knowing what students know：The science and design of educational assessment (National Research Council's Committee on the Foundations of Assessment)[M]. Washington，DC：National Academies Press，2001：44-53.

② DiBello L V，Roussos L A，Stout W. 31a review of cognitively diagnostic assessment and a summary of psychometric models[J]. Handbook of statistics，2006，26：979-1030.

程度的认知模型；用来观察或测评学生表现的情境或任务；基于上述研究而获得的推理模型。具体见图 2.1。

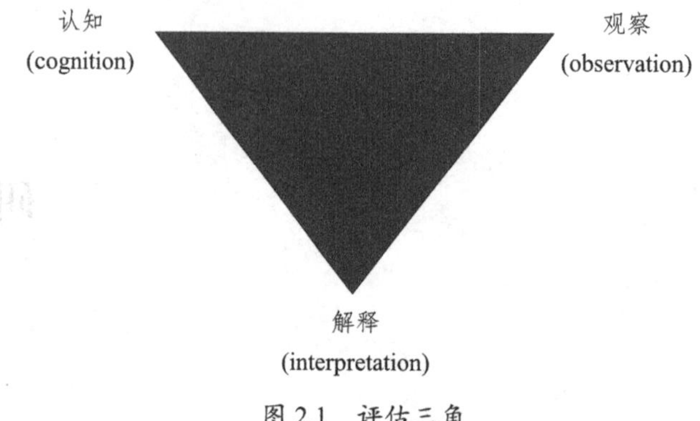

图 2.1　评估三角

评估三角包含三个边、三个角，共计六个要素。其中三个边解释了三个元素之间的内在关系。

认知—观察：认知是观察的前提，观察是认知的目的。即认知需要总结现有的研究成果，并依据这些观察结果构建新的认知模型，其目的是依据这个初步的认知模型去构建观察工具。观察是依据认知模型构建的测评工具，其目的是检测并修订已有的认知理论。通过观察工具应该能够获得学生在认知结构上的具体信息，并对认知所提供的理论形成反馈。

观察—解释：观察是观察学生在研究工具中的具体表现，即学生在认知测试中的作答情况，并依据认知分析方法，获得学生在测试中表现出来的认知信息。解释是对观察结果的进一步分析，同时也是对观察结果的理论升华。通过解释可以获得学生在认知测试中的深层次信息，获得其认知过程的理论化模型。

解释—认知：解释是获得了新的认知过程，这个认知过程的起始点来自认知，而反过来解释又对认知起到了修正作用。所以，没有认知，就无法出现解释，而解释终归要补充现有的认知理论，修正认知结构，扩充认知模型。此外，解释要素也有为新的认知模型或认知理论提供新的研究思路或研究方法的作用，可为认知要素的研究提供研究依据。

综上，上述三个要素相互影响、互相反馈，是一个统一整体，依据这三个要素进行研究设计，可以为认知诊断的科学性和有效性提供坚实的保障。

二、研究框架

本书的研究以认知诊断模型为主要方法，其研究框架具体如下。

首先，要获取本次研究的知识群。知识群是认知诊断的起点，只有确定了本次研究的知识群，才能进行下一步工作。本部分将汇总中国、日本、美国、印度、新加坡五个国家小学数学教科书涉及的统计知识，作为小学统计内容的知识集合，从中分析归纳本研究的知识属性。

其次，需要确定进阶起点和终点。在确定研究的知识属性群后，一般认为进阶起点是学生没有掌握知识属性群中的任何一个知识，进阶终点是掌握属性群中所有的知识。学习进阶路线就是学生从没有掌握任何一个属性群中的知识到掌握属性群中所有知识的过程。

再次，构建测试问卷。根据学习进阶理论、认知诊断模型的相关理论，结合对课程文件以及对已有的国际测试数据的分析，初步构建测试试卷。根据认知诊断理论进行测验 $\boldsymbol{Q}$ 矩阵的设计，编制题目；通过专家咨询、模型指标检验、学生访谈，反复修订并完成测评工具的检测。形成最终的测评试卷后，对选定的研究对象组织发放、作答、回收和评判试卷。

最后，根据测试题目的作答数据确定小学生统计知识的学习进阶路线和水平。由学生在测试题目中的作答数据，得到学生的属性掌握概率和属性掌握模式及其比例。依据认知诊断理论对学生的知识掌握模式及其比例进行分析，从而确定小学生统计知识学习进阶路线。根据学生能力对知识进行水平划分。整理研究过程中学生的作答数据、专家咨询和学生访谈等素材，提出结论和建议。

具体流程框架如图 2.2。

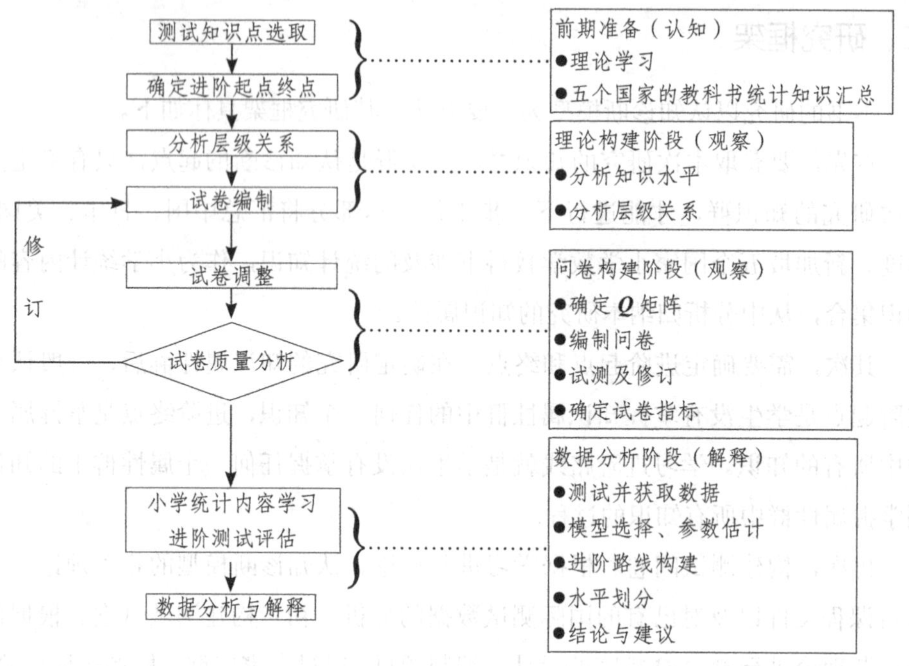

图 2.2　研究流程图

三、研究方法

为解决以上问题，本研究主要选择了以下研究方法：

（一）文献法

通过对文献资料的搜集、整理、阅读和分析，形成对相关问题的科学认识。文献综述部分，对认知诊断模型方法、学习进阶理论、统计知识进行了系统的梳理，通过阅读大量的文献，总结概括该领域研究的现状和趋势。然后将三者结合，针对本研究的研究问题，确立了以先设计测试后构建模型的范式，进行小学统计知识的学习进阶研究。

（二）文本分析法

首先，是对国内现行的 10 种小学数学教科书统计知识的范围和教学次序进行文本分析，初步整理教科书之间的共性与差异。

其次，通过比对国内外现行教科书的知识点和教学次序，得到本次测试涉及的统计知识点。本研究希望站在更广阔的视角，通过分析更多国家的初等教育中统计知识的共性与差异，梳理出其他可能适合我国小学生的统计知识点，归纳本研究中小学统计知识构成维度。因此，在下一章进行了国内外的小学教科书统计知识对比。

（三）调查研究法

本书中的调查研究是指有目的、有计划、有针对性地获取学生统计知识掌握情况的数据资料，并通过统计工具获得学生学习进阶路线和学习现状的过程。

1. 专家调查法

社会科学的学科特征使得社会学相关研究无法通过公式、试验完全析出某种特定结论。特别是教育学以人为研究对象，更加需要不同视角对问题的解析。本研究需要借助专家调查法，根据专家意见对调查研究的工具进行修订和检验。本研究中的专家调查法主要应用于以下几方面。

首先，对测试的统计知识点进行专家验证。本研究的知识点选自国内外教科书，那么这些知识点选取的是否合适，需要通过专家论证。

其次，研究工具设计所依托的 Q 矩阵需要专家进行论证。Q 矩阵作为连接认知诊断测试项目和认知属性的纽带，在整个认知诊断测试中有着重要的作用①。想要科学地使用认知诊断，准确地获得学生的掌握概率，必须以精准的 Q 矩阵构建为前提。本研究参考 PISA 测试、TIMSS 测试以及相关教科书、教辅等多方面资料构建了预测试题目，每道测试题目的知识考查点必须重新标定。要获得准确的 Q 矩阵标定，除了前期对文献的总结和研究个人经验，更需要向小学一线专家和高校专家在理论和实践方面进行咨询。具体操作为：把试题发送给一线专家和高校专家，然后由各位专家标出每个题目考查的知识，随后汇总专家们的意见，把共性认可的知识进行记录，对存在争议的知识进行商讨，反复几轮，直到 Q 矩阵获得所有专家的认可。具体专家选取过程见本书的主体部分。

最后，研究工具中题目的设计需要专家检验。本研究主要采用纸笔测试，

---

① 武小鹏，张怡，张晨璐. 核心素养的认知诊断测评体系建构[J]. 现代教育技术，2020,30(02):42-49.

试题是认知诊断研究的核心工具，高质量的题目是研究科学性和有效性的根本保证。在备选题目、预测试题、修订、形成正式试题的过程中，均有高校专家和一线专家教师的参与。试题质量包含多个维度，常见的如信效度、被试拟合等。除此之外，试题的用词、内容选取、排版、难度等也是影响试题质量的重要因素。这些因素无法通过量化研究分析获得，必须借助专家学者的经验。本研究借助专家的经验和知识，对试题进行修正，通过多轮专家调查，最终获得高质量的试题。专家们对试题质量的把关，为后续研究工具提供了科学性保证。

2. 问卷调查法

本研究的调查分为三次，具体如下。

第一次是在备选试题命制过程中的初步测试。主要关注测试备选试题的质量，如文字描述，试题难度，以及和学生的匹配程度等。结合多方意见和小范围试作答结果，形成预测试试卷。

第二次是试题的预测。预测的目的是通过统计指标确定试卷的质量，再结合多方访谈结果，反复修改，形成正式测试的试卷。

第三次是为了析出学习进阶的大范围的正式测试。正式测试需要进行分层抽样，在全国范围内选择代表性样本进行数据分析。分析后的结果可以作为我国小学生统计知识学习进阶路线的析出来源。

在每一轮纸笔测试的过程中都会与被测学生就题干用词、题目难度、作答时间等问题进行访谈，进一步了解作答状态，并为最后提出结论和建议积累科学依据。

3. 教育统计法

本书在使用调查研究获得数据后，需要使用统计方法对数据进行进一步的分析。如对预测和正式测试后选用的统计模型分析。通过模型选择（model selection）选择合适的认知诊断模型，通过绝对拟合分析模型和数据的匹配程度，通过项目拟合分析项目和模型的匹配程度，通过项目区分度、项目难度以及测试信度和效度确定题目的质量，通过被试拟合分析被试的质量。一方面，需要使用描述统计对获得的数据进行整理和呈现，获得数据中蕴藏的表层特征，从而对数据进行粗略的描述。另一方面，需要对数据使用推断统计。本研究中的推断统计方法选择基于认知诊断的数据分析方法，根据调查研究获得的学生作答反应数据，通过使用认知诊断方法，获取不同等级学生的知识掌握模式，根据不同知识掌握模式的比例和知识掌握模式内部的层级关系，推断出学生的学习进阶路线。通过项目反应理论获得学生的能力值，依据能力构建对应的知识水平。

四、测试对象

本研究通过认知诊断技术进行学习进阶研究，在开发测评工具的同时，还需要选择合适的测试对象。在小学数学教科书中，统计知识被分布在从一年级到六年级的各个年级，覆盖了整个小学阶段。为保证测试对象已经学习了所有的知识，本次研究的测试对象为小学六年级下学期在校生。

第三章 研究工具的开发

要完成小学统计知识学习进阶研究，需要开发科学合理的测试工具。本章主要介绍开发工具的过程。包括测试知识点的选取，测试题目构建，以及测试题目的检验。

一、测试知识点的选取

本书的第一章已通过文本分析列举了国内现行教科书涵盖的知识点。但本研究希望把研究视野扩大，从国际视野进行探讨。

一方面，我国小学数学教科书将统计知识作为模块置入小学的时间尚短，而且对于小学生可以掌握哪些统计知识的研究相对匮乏。因此有必要对知识点范围进行讨论。另一方面，尽管各国儿童的受教育环境不同，但是各国儿童的心理和生理发育仍然具有共同特征。鉴于统计知识并不像数学知识那样存在非常明确的逻辑层级关系，因此，其他国家的小学数学教科书中的统计知识可以是一个良好的借鉴。

本部分研究以我国人教版教科书、日本启林馆教科书、美国 My Math 版教科书、新加坡 MC 版教科书以及印度 MAM 版教科书为研究对象，具体分析如下。

（一）基于教科书的统计知识研究

1. 我国人教版教科书统计知识研究

我国小学教科书以“一纲多本”为原则，在《全日制义务教育数学课程标准（实验稿）》《全日制义务教育数学课程标准（2011 版）》《全日制义务教育数学课程标准（2022 版）》的指引下，很多出版社都发行了小学数学教科书，如人教版、教科版、苏教版、北师版、青岛版、冀教版等多个版本。本部分仅以人民教育出版社（人教版）教科书为知识点来源进行解析。

该版本小学数学教科书在我国使用率高、适用范围广、认可度强，在业内受到了普遍认可，也有大量的研究以人教版为研究对象①②③④⑤⑥。鉴于人教版的代表性、科学性和业内的认可度，本研究选取人教版教科书作为我国小学数学教科书的代表具有科学性和合理性。

根据《全日制义务教育数学课程标准》的要求和人教版教科书的内容，总结人教版教科书统计知识结构，见表 3.1。

表 3.1　人教版教科书统计知识结构

年　级	统计知识内容
一年级（下） 分类与整理	按给定标准分类计数 自选标准分类计数 简单统计表
二年级（下） 数据收集整理	调查法收集数据，初步了解统计表 用写“正”的方法记录数据

① 徐文彬，吴雨霜，蒋苏杰等. 小学数学教科书中“可能性”主题内容的分析与比较——以人教版、北师版和苏教版教科书为例[J]. 天津师范大学学报（基础教育版），2023，24(02)：32-38.

② 张莉，伊晓美. 新世纪以来小学数学教科书中“分数”习题难度分析——以 3 套人教版为例[J]. 数学教育学报，2023，32(01)：47-54.

③ 刘久成，孙京京，邵静仪等. 小学数学教材难度研究——基于人教版三套教材的对比分析[J]. 课程. 教材. 教法，2022，42(11)：120-126.

④ 李健，李海东. 情境在现实问题解决中的作用——基于 5 套人教版初中数学教科书的纵向比较[J]. 数学教育学报，2021，30(04)：30-34+40.

⑤ 姜浩哲. 我国传统数学文化融入教科书的价值、现状与展望——以人教版小学数学教科书为例[J]. 课程. 教材. 教法，2021，41(01)：98-104.

⑥ 刘久成. 小学数学“简易方程”内容量化分析——基于人教版三套教科书的比较[J]. 课程. 教材. 教法，2019，39(08)：72-78.

续表

年　级	统计知识内容
三年级（下） 复式统计表	复式统计表
四年级（上） 条形统计图	条形统计图
四年级（下） 平均数与条形统计图	平均数的意义和求法 用平均数比较两组数据的总体情况 复式条形统计图
五年级（下） 折线统计图	单式折线统计图 复式折线统计图
六年级（上） 百分数	百分数
六年级（下） 扇形统计图	扇形统计图的认识 选择合适的统计图

人教版教科书第一学段统计内容较少，一年级（下）从分类与整理开始引入统计内容，包括使用给定标准进行分类、自选标准进行分类以及分类后填入统计表三部分。到二年级下册，第一单元引入了调查法收集数据，初步了解统计表，同时学习了写"正"的方法记录数据。三年级下学习了复式统计表。第二学段以统计图为主，从四年级开始统计内容增多，在四年级（上）学习了条形统计图，在四年级（下）学习了平均数和复式条形统计图。五年级（下）学习了折线统计图。六年级（下）学习了扇形统计图。整体上看，体现出了对数据进行分类、整理、记录、作图的过程。

2. 日本启林馆教科书统计知识研究

日本和中国隔海相邻，同属东方文化系统。在数学教育的历史上一直存在交流和互动，在数学教育发展方面也有不少相似之处。日本的数学吸收了中国古代的数学成就，深受古代中国数学思想的影响，中国近代也有过向日本学习的经验。近二十年来，日本受世界教育形势的影响，学习并借鉴欧美的改革思想和经验进行了多次课程改革，日本东京大学统计学专业在世界名列前茅。因此，日本小学数学教科书中的统计内容可以作为本研究的有力参考。

日本现行的小学数学教科书共有六个版本：东京书籍，教育出版株式会社，大日本图书，学校图书，信浓教育，启林馆。其中启林馆教科书在日本国内应用较广，使用率达 34.3%，因此可借鉴性较大。本研究选择了新兴出版社启林馆出版的小学数学教科书《算术》（以下简称启林馆教科书）一至六年级教科书，共计 11 册（其中一年级只有 1 册）。启林馆教科书中统计知识内容见表 3.2。

表 3.2　启林馆版教科书统计知识结构

年　级	统计知识内容
一年级 哪个多	用画和图表示数量关系
二年级（上） 表格	调查法收集数据，初步了解统计表 用写“○”的方法记录数据
三年级（下） 表格和图表	用写“正”的方法记录数据 柱形统计图 格式表的认识
四年级（上） 折线统计图	单式折线统计图 复式折线统计图
四年级（下） 调查方法和整理方法	两种事情的调查 2×2 交叉列联表
五年级（下） 平均数与百分率	平均数的认识、应用、算法 百分率的认识 带状图的认识和描绘 饼形图的认识和描绘
六年级（下） 资料调查方法	资料的整理 频数分布直方图

启林馆教科书没有从数据的分类开始讲起，而是从用画和图表示数量关系并引出统计。数学教科书没有直接提出分类的定义，但以观察图片中物品例题的形式直接使用了分类。和人教版不同的是，在二年级和三年级分别讲了用写“○”的方法记录数据和用写“正”字的方法记录数据。两者的区别是一个符号代表对象的数量不同。而这一部分内容在人教版二年级也有涉猎，此外启林版三年级还学习了柱形统计图和格式表的认识。和人教版相同，启林版也在四年级开始加大了统计知识的学习，具体包括单式折线统计图、复式折线统计图、

两种事情的调查、2×2交叉列联表。五年级开始学习了平均数的认识，这一点也和人教版相同。但启林版五年级的带状图人教版没有涉猎。饼形图是比扇形统计图更一般的统计图，启林馆设置在五年级。六年级引入了频数分布直方图。

整体上看，启林版涉及的统计知识内容与人教版基本相似，年级教学内容也基本相同。但启林版教学内容要更多一点，内容呈现和过渡也更加细致。如从简单统计表到复式统计表的过渡中特意以2×2交叉列联表为例进行了专门讲解。百分率的认识在2021年以前的人教版教科书中也属于代数内容。而启林版教科书早已把百分率纳入统计内容之中。

3. 美国 My Math 版教科书统计知识研究

美国是世界上最发达的资本主义国家，是公认的学术强国，也是国际上统计教育开展最早的国家。从20世纪50年代起，美国就非常重视统计教育的研究。1959年美国的《中、小学数学教育改革总精神报告》就已经提出应该把统计应用纳入12年级的选修课。20世纪80年代《美国学校数学课程与评价标准》直接把统计学习下放到幼儿园，从幼儿园开始进行早期的统计教育。随后的几十年中，美国陆续培养出了大量的统计人才，这些统计人才在金融领域、计算机领域、大数据领域以及大量的军用技术领域做出了巨大贡献。本研究选取了美国 My Math（简称 MYM 版）教科书进行对比研究，MYM 版教科书是由美国麦格劳·希尔公司出版的小学数学教科书，共计五个年级，10本教科书。美国 MYM 版教科书严格依照美国《共同核心课程标准》Common Core State Standard 课程标准，为教师和学生提供严谨的课程内容与学科实践标准。MYM 版教科书在美国适用范围广，认可度高，具有较好的代表性。

MYM 版教科书中统计内容见表3.3。

表3.3　MYM 版教科书统计知识结构

年　级	统计知识内容
一年级 整理和使用统计表	统计表 读象形统计表 条形统计图

续表

年　级	统计知识内容
二年级 数据分析	整理数据 绘制象形统计表 分析象形统计表 绘制条形统计图：垂直、水平 分析条形统计图 绘制表格 分析数线图
三年级 描述和解释数据	收集和记录数据 绘制比例象形统计表 绘制比例条形统计图 条形统计图和象形统计表的联系 绘制和分析数线图 解决问题
四年级 传统测量	在数线图中显示测量数据
五年级 测量	在数线图中显示测量数据 平均数

从表 3.3 可以看出，MYM 版教科书的知识结构和我国人教版教科书、日本启林版教科书完全不同。MYM 版教科书更加重视应用，其课程结构也是从数据的应用过程进行编制。美国《州立共同核心数学课程标准》中指出学生一年级要学会描述和解释数据，具体包括整理、描述和解释最多三个类别的数据；提问并回答关于数据总量是多少、每种类别的数据是多少，以及某一类比另一类多或少多少的问题。在二年级要学习描述和解释数据，具体包括通过测量多个物体（结果近似取整）或多次测量同一个物体的长度生成测量数据。用画数线图（line point）的方式表示测量结果，其中水平的刻度用整数单位标出。画一个象形统计表和条形统计图（以“1”当“1”）来描述最多分四组数据。用条形统计图表示的信息解决简单的组合、拆分和比较的问题。三年级要学习将数据分为多个类别，用比例画出象形统计表和条形统计图来表征数据，与此同时图表中的数量单位发生变化，要求能够制作“以 1 当 5”的统计图表，能够

读取“以 1 当 1/2（1/4）”的统计图表。到了四年级能够绘制“以 1 当 1/2（1/4、1/8）”的统计图表，会计算极差。五年级要求绘制数线图并呈现一组用分数单位（1/2，1/4，1/8）度量的数据，并解决实际问题。整体上看，美国 MYM 版教科书在每个年级中都注重解决特定的问题，对象形统计表、数线图的要求较高，但是没有交叉列联表、频数分布直方图等内容。

4. 新加坡 MC 版教科书统计知识研究

新加坡是发达资本主义国家的代表，被称为“亚洲四小龙”之一。1819 年英国不列颠印度公司首次登陆新加坡，1824 年起，新加坡正式成为英国的殖民地。随后新加坡又先后遭受了日本的侵略统治和新马合并。1965 年，新加坡脱离马来西亚正式独立。

在新加坡的历史中，新加坡受到各方面民族文化的冲击，最终完成了对各种文化的整合，成为中西方文化的纽带。在教育方面，新加坡的基础教育在国际上名列前茅，在多轮的国际“PISA”测试中，新加坡学生都取得了不俗的成绩。与此同时，新加坡又有大量的华人定居，据 1996 年新加坡政府统计，新加坡华人占人口总数的 77.3%。因此，新加坡的小学教育对象和我国小学生在生理和心理上有更多的共同之处。而新加坡又是典型的发达资本主义国家，因此新加坡的教科书也有很好的参考价值。本书选择的研究对象是 Marshall Cavendish 版（简称 MC 版）教科书，是新加坡 2007 年起教育部推荐的四套教科书之一，也是新加坡外销教科书之一，此套教科书在美国等多个国家都有使用。MC 版教科书中的统计内容见表 3.1。

表 3.4　MC 版教科书统计知识结构

年　级	统计知识内容
一年级 分类和统计表	按给定标准分类 按给定标准找规律和拼图 补充和计算统计表
二年级 统计表	根据统计表计算和比较数量关系
三年级 统计表和条形统计图	根据条形统计图计算和比较数量关系

续表

年　级	统计知识内容
四年级 传统测量	用统计表记录数据 根据统计表和条形统计图计算和比较数量关系
五年级 平均数和折线统计图	平均数的意义和求法 单式折线统计图计算和比较数量关系
六年级 扇形统计图	认识和计算扇形统计图

从表 3.4 可以看出，MC 版教科书和中国、日本教科书比较相似，都是从给定标准分类开始。随后进入统计表、条形统计图的教学。MC 版教科书重视根据统计图表进行计算以及数量关系的比较，并把这些内容作为知识点明确标出，这是与中国、日国、美国的显著区别。和美国教科书相同，MC 版教科书也注重不同统计图和统计表之间的联系，并作为标题明确指出。在五年级引入了平均数和单式折线统计图，六年级开始学习扇形统计图。整体上看，MC 版教科书的内容与其他三国基本一致，但是内容容量稍小，没有讲解复式统计图和统计表，也没有把百分率纳入统计内容之中。

5. 印度 MAM 版教科书统计知识研究

中国和印度同属东方文化系统，都是东方文明的代表。中印地域相连、文化互通，在经济、文化上有很多的相似之处。到了 21 世纪，中国和印度都成为国际经济中的重要组成部分，经济腾飞又必然依附于教育的发展。

本研究选取了印度国家教育与培训委员会出版的小学数学教科书 MATH-MAGIC（以下简称“MAM 版”教科书），五个年级共计 5 本。MAM 版教科书中统计内容见表 3.5。

表 3.5　MAM 版教科书统计知识结构

年　级	统计知识内容
一年级 数据处理	按给定标准计数 数字表示
二年级 有多少马尾辫	数据收集方法 统计表

续表

年　级	统计知识内容
三年级 聪明的图表	可选的分类标准 可行性 复式统计表 条形图的初步了解和绘制
四年级 聪明的图表	条形图的测量单位 饼形图
五年级 聪明的图表	用 计数 用特殊符号记录大数 族谱

在表 3.5 显示，印度 MAM 版教科书从一年级开始讲授按给定标准计数，随后二年级引入统计表，从三年级开始内容增多，难度增大，出现了复式统计表和条形统计图。四年级开始讲条形图的测量单位，引入了饼形图。五年级数据量增大，开始学习用特殊符号记录大数，并引入了族谱。整体上看，印度 MAM 版教科书与其他四国都有不同之处。在顺序上，这样用符号表示大数在五年级出现。在内容上，MAM 版教科书引入了族谱，这是其他四国教科书中没有引入的内容。

（二）基于国际教科书比对的测试知识点

从统计知识点上看，对比以上五个国家的数学教科书，可以发现尽管统计知识的内容基本相似，但教学顺序存在差异，包含的知识点存在细微差异。如日本讲授了 2×2 交叉列联表，而其他国家没有涉猎；印度 MAM 版教科书讲授了族谱，其他四国也没有涉及。在知识点的出现顺序上也有差异。具体见表 3.6。

表 3.6　五国教科书统计知识结构

版　本	知识次序
人教版	分类—统计表—条形图—平均数—随机性—折线图—百分率—扇形图
启林馆版	统计表—柱形图—折线图—平均数—条形图—扇形图

续表

版　本	知识次序
MYM 版	统计表—象形统计表—条形图—折线图—平均数
MC 版	分类—统计表—条形图—平均数—折线图—扇形图
MAM 版	分类—统计表—复式统计表—条形图—扇形图—族谱

可以看出，五个国家的教科书在知识顺序上有一定差异。人教版、MC 版和 MAM 版都把分类作为一个单独的知识点，随后知识点都是简单统计表。启林馆版和 MYM 版是把分类和统计表融合在一起，并没有把分类作为单独的知识点。此外，人教版教科书的条形图在平均数之前，启林馆版的条形图则在平均数之后，而 MAM 版则把平均数放在了七年级（高小）。本研究主要探索小学生统计知识学习进阶路线。因此需要把这些知识点进行汇总。

五个国家的教科书中有三个国家把分类作为统计学习的起始知识。同时大量的研究表明，随机是统计学习和研究的重要知识基础，具有极其重要的地位[①②③④⑤]。综上已有成果，本研究中的测试知识点包括分类、随机性、统计图、统计表和统计量 5 类。根据上文的分析，可以进一步分为具体的 11 个知识点，见表 3.7。

---

① Jia B, Zhu Z, Gao H. International Comparative Study of Statistics Learning Trajectories Based on PISA Data on Cognitive Diagnostic Models[J]. Frontiers in Psychology, 2021, 12:1-7.

② 徐文彬,吴雨霜,蒋苏杰等. 小学数学教科书中"可能性"主题内容的分析与比较——以人教版、北师版和苏教版教科书为例[J]. 天津师范大学学报(基础教育版)2023, 24(02):32-38.

③ 巴桑卓玛. 中小学生对统计的认知水平研究[D]. 长春:东北师范大学,2006.

④ 史宁中,张丹,赵迪."数据分析观念"的内涵及教学建议——数学教育热点问题系列访谈之五[J]. 课程. 教材. 教法,2008(06):40-44.

⑤ 史宁中,孔凡哲,秦德生等. 中小学统计及其课程教学设计——数学教育热点问题系列访谈之二[J]. 课程. 教材. 教法,2005(06):45-50.

表 3.7　本研究涉及的测试知识点

类　别	测试知识点
A0 分类	A01 分类
A1 随机性	A11 随机性
A2 统计表	A21 简单统计表
	A22 复式统计表
	A23 象形统计表
A3 统计图	A31 柱形图或条形图
	A32 折线统计图
	A33 扇形统计图
	A34 频数分布直方图
A4 统计量	A41 平均数
	A42 百分率

为确保测试知识点选择的恰当性，本研究邀请了 5 位专家，就选取的这 11 个知识点作为测试内容进行了深入的咨询与探讨。5 位专家的具体信息见表 3.8。

表 3.8　访谈专家信息

编　号	性　别	学　历	职　业	职　称
A1	男	博士	高校教师	副教授
A2	男	硕士	小学教师	小教二级
A3	男	硕士	小学教师	小教一级
A4	女	博士	高校教师	副教授
A5	女	博士	高校教师	副教授

专家主要回答 3 个问题：

第一，这 11 个知识点是否包含了小学全部的统计知识？

第二，这 11 个知识点是否超出了小学生的认知范围？

第三，将这 11 个知识点作为学习进阶研究是否合适？

访谈中先向 5 位专家简要介绍前文的研究成果，然后访谈，并根据专家反馈进行解答和讨论。5 位专家对第一个问题完全认同。A2 对第二个问题提出了疑义。主要原因是频数分布直方图不是其使用教科书中单独的知识点。经解释后对第二个问题也表示认可。5 位专家对第 3 个问题均表示没有疑义。至此，本研究的测试知识点确立。

二、知识点间内部关系构建

操作层面上，使用认知诊断进行统计知识的学习进阶路线分析，必须建立科学合理的测试题目；而建立科学合理的测试题目，就需要进行 ***Q*** 矩阵的设计；***Q*** 矩阵的设计既要依据可达矩阵也要符合知识之间的内部关系。

（一）基于文献的关系分析

基于现有文献和前文的教科书分析，将小学阶段统计知识归类为分类、随机性、统计表、统计图和统计量五部分内容，探讨这五部分内容理论上的先后次序。

1. 分类

从前文研究可以发现，除启林馆版和 MYM 版外，其他三个国家都把分类作为统计知识的起点。启林馆版尽管没有直接以分类为题，但其统计知识初始内容为一涂色问题，见图 3.1。

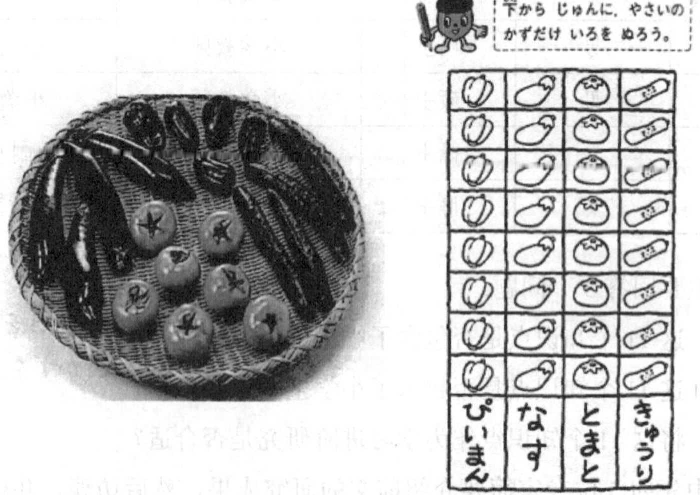

图 3.1　启林馆版涂色问题

图 3.1 中的左图为实物图片，右图为涂色用表。学生想要解决这一问题，首先需要把左图中的蔬菜按照品种分类，把相同种类的蔬菜看作一个总体，然后计算数量，最后在右图对应涂色。尽管本课的题目不是分类，但可以看出，想要完成文科的内容，学生需要按照蔬菜品种对蔬菜分类。所以，分类仍然是启林馆版教科书的初始内容。

MYM 版中的情况也大致和启林馆版相同。在一年级图形的学习中，出现了图 3.2 中的题目。

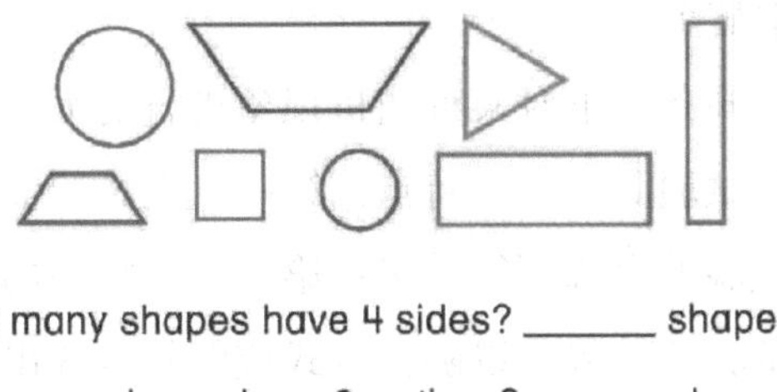

How many shapes have 4 sides? ______ shapes

How many shapes have 0 vertices? ______ shapes

图 3.2　MYM 版中的分类问题

完成图 3.2 中的题目，学生需要根据边的数量和角的数量找对对应图形的个数。从统计的思想看，此题需要学生以角的个数和边的个数对图形分类。只是在这个题目中，分类已经完成，学生只需找出对应类中图形的数量即可。

实际上，大量研究表明，分类是统计学习的基础。对现代科学而言，分类是所有学科的起点。只有先对研究对象分类，才能把研究总体进行细化，把研究者关注的问题或对象和其他问题或对象区分开来。只有先经过分类，才能把要做的工作处理清楚。即便是现代的人工智能领域，也需要先把机器学习分为监督学习、无监督学习和强化学习。现代科学也开始分类研究，因为一般和特殊之间的关系已经研究不清楚了①。可以说，随着科技的发展和研究的深入，各个学科的分类越加细致，越加清晰。甚至从数学教育本身出发，自然数产生于对数量的抽象，用于对数量进行计数，而后，数学家们就开始对自然数进行分类。而随着数学的不断发展，数系的不断扩充，数也逐渐产生了新的分类。（学生）应该对数有一定的理解和感悟，这主要是数的大小的比较，以及对于数的分类，

① 史宁中. 大数据与小学数学教育[J]. 人民教育，2014(23):36-39.

后者对于学习现代数学和现代统计学都是很重要的[①]。

综上可以看出，分类在统计学习和研究中具有重要的地位，其在知识路线中应属于起始位置。

2. 随机

分类是统计知识学习的起点，而随机性是概率学习的起点[②]。由于概率和统计在知识上存在共通之处，所以需要对随机性进行深入的讨论和分析。但尽管关于随机的研究有很多[③④⑤]，但这些研究都没有论述什么是随机。想要讨论随机，必须先了解几个基本概念。

随机试验是在相同条件下对某种随机现象进行的大量重复观测，是开展统计分析的基础。随机试验具有三个特点：第一，在试验前不能断定其将发生什么结果，但枚举出试验的全部可能结果；第二，在相同的条件下试验可大量地重复；第三，重复试验的结果是以随机方式或偶然方式出现的。随机试验条件必须相同，随机试验结果具有随机性。简而言之，随机试验中尽管研究者清楚每个可能出现的结果是什么，但并不能知道试验的最终结果是什么。例如，从抛硬币来看，排除站立情况，硬币可以分为正面朝上和背面朝上两种情况。但在硬币落下并静止之前，研究者并不知道到底是正面朝上还是背面朝上。这种现象称为随机现象。

在随机试验中，每一个结果称为样本点。而由样本点构成的集合称为随机事件。如投掷一个骰子，点数大于3这个事件就由点数为4、5、6三个样本点构成。这个事件称为随机事件。因为投掷骰子也和投掷硬币一样，在骰子静止之前，并不清楚点数是多少。随机事件也是随机性的一种展示。

---

① 史宁中，孔凡哲，秦德生等. 中小学统计及其课程教学设计——数学教育热点问题系列访谈之二[J]. 课程. 教材. 教法，2005(06):45-50.

② 白胜南. 中学生概率概念学习进阶的构建问题研究[D]. 长春:东北师范大学，2021.

③ 巩子坤，何声清. 7-14岁儿童的独立随机序列认知发展[J]. 教育导刊，2016:36-41.

④ 巩子坤，何声清. 7-14岁儿童随机分布认知发展研究[J]. 宁波大学学报(教育科学版)，2017，39(02):1-6.

⑤ Yost P, Siegel A E, Andrews J N. Non-verbal probability judgement by young children [J]. Child Development, 1962, 33:769-780

现代统计学发展的基础是“不确定性”,也可以称之为“随机”①。采用随机的思想分析问题有时比使用确定性思想分析问题更加准确。从统计数据来看,观测值 = 真实值 + 误差。也就是说,观测值总要受到一个扰动,这个扰动导致观测值总是在变化的,这也是随机产生的原因。现代研究认为,每一个试验结果的出现都是随机的,一次试验的结果不能代表所有试验的结果;一次试验的结果也不一定会在下一次试验中出现。换言之,只要存在随机试验,那么就存在随机现象。因此,所有涉及试验数据的研究,都可以把随机看作前置条件。但还需要论证的一点是随机和分类之间的关系。前文所述,分类是统计的基础,而随机是概率的基础。考虑到概率和统计分属于不同的学科,那么可以认为分类和随机之间并不一定存在必然的逻辑关系。

综上所述。涉及试验的内容应考虑以随机为前置知识点,但考查随机的试验未必会考查其他统计知识。即随机与另外四类统计知识点没有必然联系。

3. 统计表

根据前文的列举,统计表可以分为简单统计表和复式统计表,以及象形统计表。从各国的教科书知识点次序来看,都符合先讲授象形统计表,再讲授简单统计表,最后过渡到复式统计表的过程。

象形统计表尽管有时以“象形统计图”命名,但其结构更加符合表的特征,也是学生接触到的第一种数据表达形式。在学生面对纷杂的数据时,首先需要对数据内容进行分类,然后把不同类别中的对象数量计算出来。仍以图 3.1 为例。

在图 3.1 中可以看到,学生需要把筐里的蔬菜按照不同的名称分类,然后按照数量把对应的象形图涂色。如果把象形图中改为数量,那么图 3.1 就是简单统计表。因此,可以认为象形统计表是简单统计表的前置知识。

一般认为,简单统计表是未经过分组的数据呈现形式,它把不同类别的名称放入表格的行或列,然后在对应的列或行填入数量或其他分类信息即可。简单统计表只包含两个变量,因此数据查找比较简洁、方便,读取数据相对容易,填写信息也相对简单,是使用最为广泛的统计表。一般认为,“统计学”这个名称来自拉丁语中的“国情学”,原来是指收集国情信息,建立报表的应用科学。

---

① 史宁中. 统计的基本思想与方法及其课程教学设计[J]. 湖南教育(数学教师),2008,No. 560(01):15-17.

在最传统的数据表达中，最多使用的就是简单统计表。

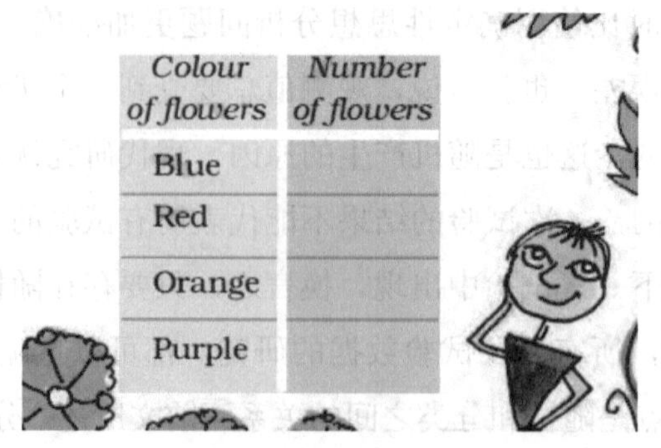

图 3.3　MAM 版简单统计表问题

复式统计表把两个（或多个）统计内容的数据合并在一张表上，从而呈现更多的信息，也可以更加清晰细致地反映数据在不同分类之间的具体情况。其中最简单的复式统计表就是 2 × 2 交叉列联表。见表 3.9。

表 3.9　2×2 交叉列列表

	男	女
患病		
不患病		

表 3.9 是最常见的一类题，可以用于分析患病和性别有无关系。这种数据呈现方式从小学到高中一直存在，也是高中学习卡方检验的基础。可以看出，复式统计表其实就是统计表的高维化。因此，可以认为简单统计表一定是复式统计表的前置知识。此外，统计表不能成为统计图、统计量的前置知识。

4. 统计图

本研究中的统计图包括条形统计图、扇形统计图、频数分布直方图和折线统计图四种统计图。这四种统计图之间也包含着自己的内部逻辑关系。

条形统计图是用单位长度表示一定的数量，然后根据数量的多少画成长短不同的长方形，然后把这些长方形按分类的顺序进行排列。从条形统计图中不仅可以很容易地看出不同分类下的数量，还可以清晰地对不同分类进行对比。一般长方形水平排列的称为条形图，而竖直排列的则称为柱形图。频数分布直方图通过长方形的高代表对应组的频数。和条形统计图相比，频数分布直方图需要对数据进行分组，并且其横轴一般都是一个连续的变量，而非分类变量。频数分布直方图在日常生活中有广泛的应用，如不同身高组内的学生人数，不同分数段的学生人数等。和条形统计图相比，频数直方图要求横轴不能是分类数据，并且需要根据需要的组数和极差确定每组的组距。因此，可以看出频数分布直方图是条形图的后置知识，学生只有先学习了条形统计图才能够学习频数分布直方图。

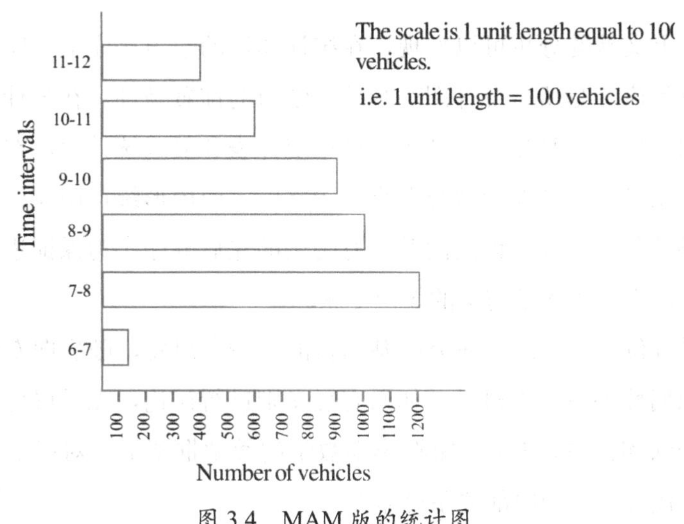

图 3.4　MAM 版的统计图

扇形统计图是另一种常见的统计图形。扇形统计图是用整个圆表示总数，根据不同分类之间的比例，用圆内各个扇形圆心角或扇形面的大小表示各分类数量占总数的比例，这一比例通常使用百分数。通过扇形统计图不仅可以很清楚地表示出各部分数量同总数之间的关系，更主要的是扇形统计图为不同单位的研究对象比对提供了便捷。无论研究对象是什么，都可以把其总体看作单位 1，然后用百分数表示其各个分类对应的比例，最后使用扇形统计图进行比较。因此，扇形统计图的使用前提是学生需要对百分数有所了解。

5. 统计量

统计量是统计理论中用来对数据进行分析、检验的变量。在小学教科书中涉及的统计量相对集中，以各种平均数为主。尽管《全日制义务教育数学课程标准（2011 版）》中提出“处理数据，包括计算平均数、中位数、众数、方差等”，但对五个国家的教科书的研究表明，中位数、众数和方差在五个版本的教科书中都没有涉猎。从内容上看，五个国家的教科书中的统计量包括两个方面：平均数和百分率。显然地，百分数是扇形图的前置知识，但与其他统计知识之间没有必然联系。尽管平均数可以和其他统计图表结合命题，但平均数不是其他统计知识的前置知识，这是因为学生不学习平均数本质上不影响其掌握其他知识。

（二）层级关系的专家检验

通过以上文献的分析可以发现，在统计知识的学习次序上，应该以分类为前提，即分类应该是所有统计图和统计表学习的前置条件。在统计表学习次序上，其知识顺序应该是象形统计表、简单统计表和复式统计表。在统计图的学习次序上，条形统计图在频数分布直方图之前，而扇形统计图应该以百分数为前提。此外的各项统计知识之间并没有必然的先后顺序。为保证逻辑关系析出的科学可靠，再次访谈了前文的5位专家。

首先对五位专家介绍本研究的基本目的和研究思路，随后向专家咨询前文获取的知识属性关系是否科学，如果有疑义则进行讨论，无异议可以进行下一步。通过访谈和讨论，5位专家在小学数学的教学框架下，对以上析出的关系表示认可，代表获得的内部关系可靠。

根据以上内容，可以构建层级关系矩阵如下：

表 3.10　小学数学统计知识关系矩阵

	分类	随机性	简单统计表	复式统计表	象形统计表	柱形图或条形图	折线统计图	扇形统计图	频数分布直方图	平均数	百分数
分类	0	0	1	1	1	1	1	1	1	0	0
随机性	0	0	0	0	0	0	0	0	0	0	0
简单统计表	0	0	0	1	0	0	0	0	0	0	0
复式统计表	0	0	0	0	0	0	0	0	0	0	0

续表

	分类	随机性	简单统计表	复式统计表	象形统计表	柱形图或条形图	折线统计图	扇形统计图	频数分布直方图	平均数	百分数
象形统计表	0	0	1	1	0	0	0	0	0	0	0
柱形图或条形图	0	0	0	0	0	0	0	0	1	0	0
折线统计图	0	0	0	0	0	0	0	0	0	0	0
扇形统计图	0	0	0	0	0	0	0	0	0	0	0
频数分布直方图	0	0	0	0	0	0	0	0	0	0	0
平均数	0	0	0	0	0	0	0	0	0	0	0
百分数	0	0	0	0	0	0	0	1	0	0	0

表 3.10 中 1 代表两者之间存在层级关系。下一章需要构建 ***A*** 矩阵，然后根据 ***A*** 矩阵生成 ***Q*** 矩阵，并进行题目设计。从而为最终的测试提供测试工具。特别指出的是，专家 2 和专家 5 对随机性提出质疑。根据前文分析，涉及试验的内容应考虑以随机为前置知识点。但在前文的概念界定中指出，本研究的知识点指描述性知识而非过程性知识。因此单独的知识点可以不涉及实验。所以随机性不是其他知识点的前置条件。但研究过程中会设计实验类题目结合其他知识点考查随机性。经讨论，两位专家表示认同。

三、测试题目构建

（一）*Q* 矩阵构建

1. 邻接矩阵和可达矩阵

邻接矩阵刻画了属性之间的直接关系，而可达矩阵刻画了属性之间是否存在关系，它们都是用于表示属性关系的矩阵。邻接矩阵是描述属性之间直接关系的矩阵，它既不包括自身关系也不包括间接关系。当两个属性之间具有直接关系时，用“1”表示；当没有关系时用“0”表示。根据上一节的研究，可以构建 **A** 矩阵如下

$A=$

	A01	A11	A21	A22	A23	A31	A32	A33	A34	A41	A42
A01	0	0	0	0	1	1	1	1	0	0	0
A11	0	0	0	0	0	0	0	0	0	0	0
A21	0	0	0	1	0	0	0	0	0	0	0
A22	0	0	0	0	0	0	0	0	0	0	0
A23	0	0	1	0	0	0	0	0	0	0	0
A31	0	0	0	0	0	0	0	0	1	0	0
A32	0	0	0	0	0	0	0	0	0	0	0
A33	0	0	0	0	0	0	0	0	0	0	0
A34	0	0	0	0	0	0	0	0	0	0	0
A41	0	0	0	0	0	0	0	0	0	0	0
A42	0	0	0	0	0	0	0	1	0	0	0

可达矩阵是反应属性间的直接关系、间接关系和自身关系的矩阵。可达矩阵中，数字“1”代表两个属性间存在上下级关系，而且不限层级。

在可达矩阵的计算中，常用的方式是使用 **(A+I)** 的 *n* 次幂进行计算，其中 **I** 为单位阵。随着次方的不断增大，**R=(A+I)n** 逐渐趋近于稳定[①]，这一稳定值就是 **R** 矩阵。也可以根据逻辑推理获得。即一个属性和其本身以及所有的下级属性关系都为“1”，其他为“0”。根据以上内容，对 **A** 计算，就可以得到 **R** 矩阵。如下:

$A_2=$

	A01	A11	A21	A22	A23	A31	A32	A33	A34	A41	A42
A01	1	0	1	1	1	1	1	1	1	0	1
A11	0	1	0	0	0	0	0	0	0	0	0
A21	0	0	1	1	0	0	0	0	0	0	0
A22	0	0	0	1	0	0	0	0	0	0	0
A23	0	0	1	1	1	0	0	0	0	0	0
A31	0	0	0	0	0	1	0	0	1	0	0
A32	0	0	0	0	0	0	1	0	0	0	0
A33	0	0	0	0	0	0	0	1	0	0	1
A34	0	0	0	0	0	0	0	0	1	0	0
A41	0	0	0	0	0	0	0	0	0	1	0
A42	0	0	0	0	0	0	0	0	0	0	1

① 所有大于1的元素需要转换为1。

2. 理想掌握模式与典型项目考核模式

理想掌握模式指根据属性间的层级关系所构建的所有可能符合逻辑的掌握模式。理想掌握模式也被称为知识状态（knowledge states）或认知结构，它也是一个 0-1 矩阵。其中“1”代表这个模式下掌握了这个属性（知识），“0”代表这一模式下没有掌握这个属性（知识）。

理想掌握模式可以人工根据逻辑关系进行推断，也可以依据扩张算法获得，扩展算法是一种使用布尔加法的矩阵算法①。该方法以 ***R*** 矩阵为基础，***R*** 矩阵的每一列都代表一种掌握模式，从 ***R*** 矩阵的第一列开始往后循环，分别与后续的列做布尔加法，即 0+0=0，1+0=1，1+1=1，如果出现了新的掌握模式则添加在 ***R*** 矩阵后面，直到所有循环结束，最后再添加一个全是 0 的列即可。根据此算法可以借助平台计算出理想掌握模式共有 292 种，由于长度较大，此处没有列举。

典型项目考试模式指根据属性间的层级关系所最终确定的所有合乎逻辑的测验题目所涉及的考核模式种类。典型项目考试模式和理想掌握模式类似，其区别在于典型项目考核模式需要剔除都为 0 的行，即（0，0，0，0，0，0，0，0，0，0，0），因为一个测试题目不可能任何一个属性都不考查，这不符合测试现实。因此，只要将理想掌握模式中的最后一个模式去掉即为典型考核模式。

3. 测验 ***Q*** 矩阵和理想反应模式

测验 ***Q*** 矩阵是测验试题编制的核心依据，是反映试题考查属性的数学模型。在认知诊断的实践操作中，测验 ***Q*** 矩阵的设计尤为重要。通过 ***Q*** 矩阵，测验题目和考查属性可以得到链接，从而为分析学生的作答过程提供依据。本部分研究主要依托前文中的相关理论和数据，在统计学专家和教育测量学专家的参与和监督下完成。

通过认知诊断获得学生学习进阶路线的关键步骤就是确定考试所使用的 ***Q*** 矩阵。***Q*** 矩阵是测试题目编制的核心依据，这就需要研究者遵循认知诊断相关理论，从典型项目考核模式中选择适宜的考核模式，用以确定 ***Q*** 矩阵。然后研究者才能根据 ***Q*** 矩阵进行题目编制，形成测试题目。这种选择一方面要依托认

---

① Tatsuoka，K K. Cognitive assessment：An introduction to the rule space method[M]. London：Routledge，2009.

知诊断理论，另一方面必须依托统计知识考查的实际需求。

第一，每个属性必须得到测量。***Q*** 矩阵必须保证对每个属性都进行诊断，这是保证测验实施的最低要求。如本研究共计考查 11 个属性。那么题目属性模式（0，0，0，0，0，0，0，0，0，0，1）考查了最后一个 A42 属性，而题目属性模式（0，0，0，0，0，0，0，0，1，0）考查了 A41 属性。一方面，任何考生在考查这两个属性模式的习题中，他们的作答反应都只能判定对应的属性。另一方面，任何考生的前 9 个属性掌握情况都无法通过这两个习题测试得出。例如，一个学生的属性模式为（0，0，0，0，0，0，0，0，1，1，1）那么他在这两个题目上的作答都是正确，记录为“1”。通过认知诊断模型，这两个作答反应可以在判定该考生在 A42 和 A5 两个属性上的掌握情况提供信息。但是尽管这个考生掌握了 A41 属性，不过由于这两个题目没有测试这一属性，因此这两个题目无法提供考生在 A41 属性上的任何信息。

第二，每个属性都要被多次测量。如果某个属性只通过一个题目进行测量，那么无法保证判定学生在这个属性上掌握的实际情况。因为在认知诊断模型中存在猜测参数。学生的正确作答反应不能保证一定是其依据个人能力或属性模式作答的真实结果。因此，对于任何一个属性，都要由多个题目进行测量。这样就引出了另外一个问题。即每个题目可以测量多个属性。一方面，如果每个题目只考查 1 个属性，这种情况下的测试题目几乎没有太大的实际价值，一般只属于记忆类题目。根据布鲁姆认知发展理论可知，记忆是最低级的表现形式。其次，如果每个题目只考查 1 个属性，必然会增大题目数量。而教育测量的实践研究表明，过多的题目数量会降低测试的信度。所以一道题目考查多个属性是一种必然，也是认知诊断实践中的常用技巧。

第三，***Q*** 矩阵的确定需要依据统计知识的实际情况。尽管在典型项目考核模式中存在一些属性模式，但是这些属性模式受统计知识实际的制约，可能无法进行命题。如在知识状态 / 属性模式（1，1，1，1，1，1，0，0，0，0，0）中，前七个知识都是考查对象。但是受题目大小的实际制约，不可能把这么多的统计图和统计表问题融合在同一个题目当中。此类典型项目考核模式在实际应用中要予以剔除。同时，在相近的考查模式中，还要注意选择命题难度较低，学生更容易理解的命题模式，而剔除那些难以命题的考查模式。

在综合考虑以上问题后，通过和一线教师、教育测量学专家和统计学专家商议，分别形成了 32 道题目，最终考查知识点（非 ***Q*** 矩阵），见表 3.11。

表 3.11　32 个题目考查的知识点

	A01	A11	A21	A21	A23	A31	A32	A33	A34	A41	A42
I1	0	0	1	0	0	0	0	1	0	0	0
I2	0	1	0	0	0	0	0	0	0	1	1
I3	0	0	0	1	0	0	0	0	0	0	1
I4	0	0	0	0	0	1	0	0	0	1	0
I5	0	0	0	0	0	0	0	0	0	1	0
I6	0	0	0	0	0	0	0	0	0	1	0
I7	0	0	0	1	0	0	0	0	0	1	1
I8	0	0	0	0	0	0	0	0	0	1	0
I9	0	0	0	1	0	0	0	0	0	0	1
I10	0	0	0	1	0	0	0	0	0	0	0
I11	0	0	1	0	1	0	0	0	0	0	0
I12	0	0	0	0	0	1	0	0	0	0	0
I13	0	0	0	0	0	1	0	0	0	0	0
I14	0	0	0	0	0	1	0	1	0	0	0
I15	0	1	0	0	0	0	1	0	0	0	0
I16	0	1	1	0	0	0	1	0	0	0	0
I17	0	1	0	0	0	0	0	0	0	0	0
I18	0	1	0	0	0	0	0	0	0	1	0
I19	0	1	1	0	0	0	0	0	0	0	0
I20	0	0	0	0	0	1	0	1	0	0	0
I21	1	0	0	0	0	0	0	0	0	0	0
I22	1	0	0	0	0	0	0	0	0	0	0
I23	0	0	0	0	0	0	0	0	1	0	0
I24	1	0	0	0	0	0	0	0	1	0	0
I25	1	0	1	0	0	0	0	0	0	0	0
I26	1	0	1	0	0	0	0	0	1	0	0
I27	0	0	1	0	1	0	0	0	0	0	0
I28	0	0	1	0	1	0	0	0	0	0	0

续表

	A01	A11	A21	A21	A23	A31	A32	A33	A34	A41	A42
I29	0	0	0	0	0	0	0	0	0	1	0
I30	0	0	0	0	0	0	0	0	0	0	1
I31	0	0	0	0	0	0	1	0	0	0	0
I32	0	0	0	0	0	0	1	0	0	1	0

表 3.11 中每个知识都至少被测量 3 次，既符合认知诊断理论，也符合实际测量需求。***Q*** 矩阵中每一行代表每个题目的考查模式，每一列代表这个知识被哪些题目所考查。例如：（0，0，0，0，0，0，0，0，0，0，1）意味着这个题目考查了百分率。

理想反应模式，是学生在自然状态下完全依靠个人水平进行的正确作答反应。理想反应模式是学生的反应模式能够在某个测试题目上出现的所有反应模式。每个学生的理想反应模式是一个 *I* 列的取值为 0 或 1 的向量，*I* 代表项目个数，其中数字“1”表示学生答对了所对应的项目，数字“0”表示学生答错了所对应的项目。

理想反应模式可以通过学生的属性和题目 ***Q*** 矩阵获得。如如果学生的知识状态是（0，0，0，0，0，0，0，0，0，0，0），也就是说学生没有掌握任何一个知识，那么学生在所有 32 个题目上的理想反应模式是（0，0，0，0，0，0，0，0，0，0，0，0，0，0，0，0，0，0，0，0，0，0，0，0，0，0，0，0，0，0，0，0），即学生做对在任何一个题目，他也无法通过猜测获得正确答案。但是在现实中，学生有时凭借猜测也能够获得正确答案。此时，认真诊断模型中的猜测参数可以起到调节作用，可以把学生靠猜测而做对的影响降低，从而获得更加准确的估计属性掌握概率。

（二）命题编制的依据

认知诊断测试是实现对学生认知过程和认知状态进行量化描述的测评工具。认知诊断测试是认知诊断过程的关键环节，其测试题目必须满足一定的编制条件。为了保证题目质量，需要在题目来源、题目水平上进行划定。在试题编制时主要参考了国际考试、国际教科书和已有知识水平理论。

1. 以国际考试题目为依据

PISA 测试是国际重要的大型测试之一，用于测试国家 / 地区层面的基础教育总体水平。PISA 测试的题目由专业机构负责，题目经过了经典测量理论、项目反应理论等多种教育测量理论的反复筛选，测试题目质量非常高。PISA 考试注重考生在实际问题中使用已学知识解决现实问题的能力，其命题思路和原则对全球的基础教育都具有很高的指导作用。因此，在命题时以 PISA 测试题目为参考是很多数学教育中的常见模式。

CABLE TELEVISION

The table below shows data about household ownership of televisions (TVs) for five countries.

It also shows the percentage of those households that own TVs and also subscribe to cable TV.

Country	Number of households that **own TVs**	Percentage of households that **own TVs** compared to **all households**	Percentage of households that **subscribe to cable television** compared to households that **own TVs**
Japan	48.0 million	99.8%	51.4%
France	24.5 million	97.0%	15.4%
Belgium	4.4 million	99.0%	91.7%
Switzerland	2.8 million	85.8%	98.0%
Norway	2.0 million	97.2%	42.7%

Source: ITU, World Telecommunication Indicators 2004/2005
ITU, World Telecommunication/ICT Development Report 2006

图 3.6 PISA 测试题目示例 1

Question 1: CABLE TELEVISION *PM978Q01*

The table shows that in Switzerland 85.8% of all households own TVs.

Based on the information in the table, what is the closest estimate of the total number of households in Switzerland?

A. 2.4 million
B. 2.9 million
C. 3.3 million
D. 3.8 million

图 3.7 PISA 测试题目示例 2

图 3.6 ～ 3.7 考查了高维统计表，学生需要从表中找出所需要的数据，数据通过百分率表达，并通过计算获得最终答案。需要注意的是，最终计算结果并不是和答案完全对应，因此要选择离答案最近的项。因此，本题目考查了复式统计表和百分率。其知识状态可以表示为（0，0，1，1，0，0，0，0，0，0，1）。

TIMSS 是另一个著名的国际教育测试，每 4 年举办一次。TIMSS 是国际教育成就评价协会（the International Association for the Evaluation of Educational Achievement,）发起和组织的国际教育评价研究和评测活动，2003年，为了更好地延续这项有意义的研究活动，TIMSS成为国际数学和科学评测趋势（The Trends in International Mathematics and Science Study）的缩写，TIMSS主要测试四年级和八年级学生的数学与科学学业成绩，以及达到课程目标的情况。TIMSS测试中也包含统计题目。这些题目对本研究的命题工作也有很重要的借鉴意义，见图3.8。

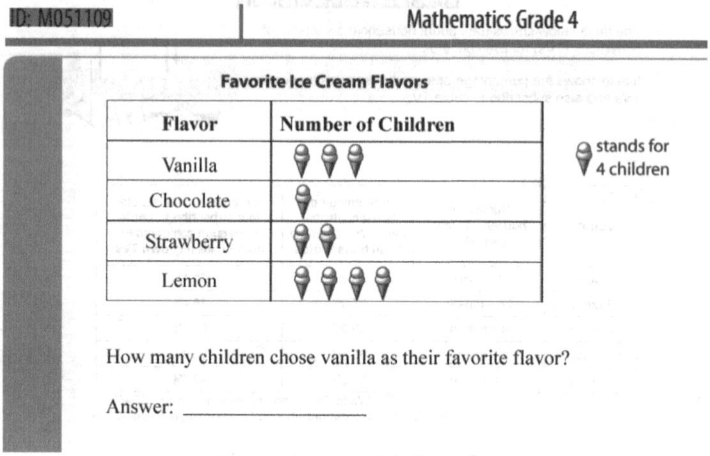

ID: M051109 Mathematics Grade 4

Favorite Ice Cream Flavors

Flavor	Number of Children
Vanilla	
Chocolate	
Strawberry	
Lemon	

stands for 4 children

How many children chose vanilla as their favorite flavor?

Answer: ________________

图3.8 TIMSS题目示例

此题是一个关于统计表的符合题目。一方面，这是一个象形统计表题目，使用了冰淇凌图片而非数字来代表个数；另一方面，此题目中每个冰淇凌代表的数字是4。因此，想要做好本题，学生不仅要能够从统计表中提取出信息，还要经过具体的计算。因此，本题目考查了象形统计表。其知识状态可以表示为（0，0，0，0，1，0，0，0，0，0，0）。此题目可以为统计表知识考查提供参考。

2. 以国际教科书为依据

教科书是教学的主要工具，也是统计知识的主要载体。教科书不仅能够为学生提供知识，还能够为学生提供例题讲解和大量用于巩固和提升知识的习题。数学教科书的编制经过了重重审查，由教育学家、数学家、统计学家等多方面的专家共同参与完成。因此，教科书的例题和习题对本研究也起到了借鉴作用。

图 3.9 为 MAM 版教科书五年级的一道题目

Rabbits in Australia

Earlier there were no rabbits in Australia. Rabbits were brought to Australia around the year 1780. At that time there were no animals in Australia which ate rabbits. So the rabbits began to multiply at a very fast rate. Imagine what they did to the crops!

The table shows how rabbits grew every year.

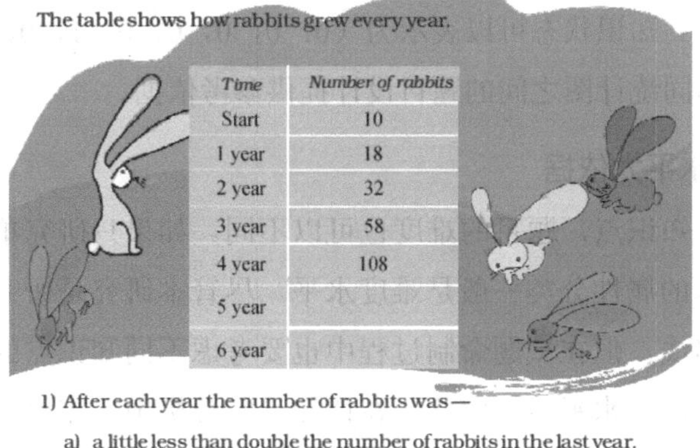

Time	Number of rabbits
Start	10
1 year	18
2 year	32
3 year	58
4 year	108
5 year	
6 year	

1) After each year the number of rabbits was—

a) a little less than double the number of rabbits in the last year.

b) double the number in the last year.

c) 8 more than the number in the last year.

d) more than double the number of rabbits in the last year.

2) At the end of year 6, the number of rabbits was close to

☐ 400　　☐ 600　　☐ 800

3) After which year did the number of rabbits cross 1000?

图 3.9　MAM 题目示例

此题目需要学生观察统计表，并从统计表中提取数据，通过对数据的推理解答实际问题。在此题目中，数据并非是简单的倍数关系，实际上在现实中也很少出现绝对的指数数据。因此，学生需要认识到在这一过程中，每一个结果都是随机的，这些结果都是在某个数据左右浮动。因此，此题考查了随机性、简单统计表。其知识状态可以表示为（0，1，1，0，0，0，0，0，0，0，0）。此题目可以为随机性的命题提供借鉴依据。

图 3.10 为一道启林馆教科书的题目：

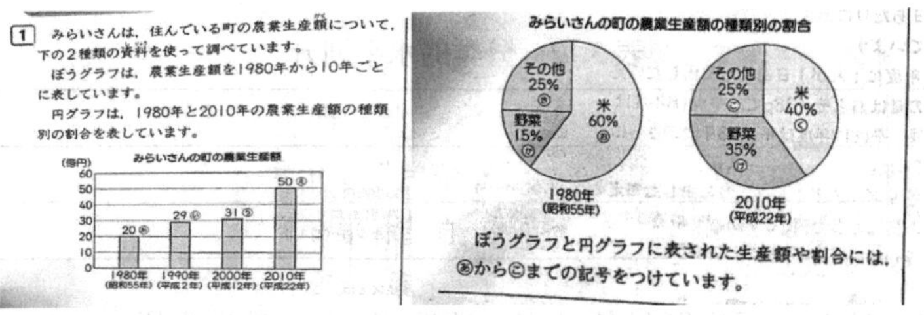

1　みらいさんは，住んでいる町の農業生産額について，下の２種類の資料を使って調べています。

ぼうグラフは，農業生産額を1980年から10年ごとに表しています。

円グラフは，1980年と2010年の農業生産額の種類別の割合を表しています。

ぼうグラフと円グラフに表された生産額や割合には，ⓐからⓒまでの記号をつけています。

图 3.10　启林馆版题目示例

此题目是统计图的符合题目。统计表中给出了某镇1980年、1990年、2000年、2010年的农业生产总值，而扇形统计图则是给出了1980年和2010年农业生产总值所包含的具体类别。学生需要从统计表中读取出年份的具体生产总值，并根据扇形统计图的信息进行分配。此题考查了条形统计图、百分率和扇形统计表。其知识状态可以表示为（0，0，0，0，0，1，0，1，0，0，1）。此题目可以为不同统计图之间的题目设计提供参考依据。

3. 以知识水平为依据

对于同一个知识点，题目的难度也可以不同。如果只研究单一知识点，依据认知诊断技术的属性分类一般是难度水平。尽管本研究是研究多个知识点之间的学习进阶路线，但在试题命制过程中也要考虑不同知识点的难度水平，以保证题目难度在同一水平线。因此，在认知诊断分析中，需要保持各个知识点在同一难度水平。接下来需要对五个考查内容进行难度水平的论证，为后续测试题目构建提供依据。

（1）分类

通观五个国家的教科书，在低年级中，一般不对分类标准进行要求，学生可以根据喜好自行对物品进行分类，更多地是让学生经历分类的过程，从直观上感受一些物品按照不同的标准可能分入不同的类别。随着年级的升高，学生逐步接触到按照固定标准分类，学生根据已有的数据分类标准对数据进行分类。有的教科书允许学生根据实际情况在已有分类的基础上增加分类，但本质上仍是按照标准分类。

随后，教科书中的数据分类标准不再局限于固定分类及标准，加入了固定问题方向和自定问题方向，数据的分类标准逐渐开放，学生根据问题需要对数据进行分类，学生需要根据实际需求进行分类。因此，分类中可以分为按照给定标准分类和自选标准分类两个层次。

表 3.12　分类的水平划分

属　性	水　平
分　类	给定标准分类
	自选标准分类

为了确定这两个层次题目的难度，选取了20个学生为样本，进行了三个测

试题目的预实验。

题目 1

已知有以下 15 个数字：

2，13.2，25，5.5，64.03，7，2.3，5，8，12.4，72，33，52，10，99.9

其中大于 50 的数字有（　　）个，大于 50 的数字中有小数的有（　　）个。

题目 2

已知有以下动物，请你设计一个分类标准（如腿数、食物类型等），并计算每个类别中动物的数量。

题目 3

在英语课上，老师帮小明取英文名字。老师共提供了 9 个不同的名字：

Salma，Joseph，Anrun，Chintu，Seeta，Asha，Subbu，Ahmad，Ravi

小明想先对这 9 个名字分类，再从中选择。请设计 3 个不同的分类标准，并写出每个标准中名字的数量。

以上三个题目分别考查了给定标准分类，自选标准分类，以及无提示的自选多分类三个水平。通过试验发现，20 名学生中有 17 名在第三题上无法给出 3 种不同的分类方式。说明学生在自主分类上缺乏经验，但学生在给定分类，以及自选一个分类上表现良好。可以看出自选多分类难度较大。

（2）随机性

国内外已有很多的研究涉及随机事件的认知①②③。从认知水平上，已有研究表明随机（不确定性）思维可以分为四个水平：凭借生活经验能够从具体情景中辨认出确定性和不确定性；一步的不确定性问题（如抛一枚硬币等），可能发生也可能不发生，或不一定发生；两步的不确定性问题（如同时抛两枚硬币等）能够把不确定的所有可能的结果列出来；能够从比率的角度解释不确定性④。

已有研究表明，随机性的三个水平逐步提升，第一个水平最简单，第三个水平最难。本研究并非是概率知识水平研究，因此本研究中主要涉及水平一：凭借生活经验能够从具体情景中辨认出确定性和不确定性，以及水平二：一步的不确定性问题（如抛一枚硬币等），可能发生也可能不发生，或不一定。但是对水平三的问题不作考虑。

对水平一和水平二进一步拆分可以发现，水平一和水平二所考查的是学生在面对一次伯努利试验时，对试验结果有清晰的认识。学生既要知道一次试验发生的结果是什么，也要知道这个结果的产生是不确定的。可以从以上内容析出，学生需要能够知道在一次伯努利试验中，一个事件可能发生也可能不发生；知道在一次伯努利试验中，哪个结果都可能发生；知道在多次随机实验中，结果可能相同也可能不同；知道一次实验的结果，可能在下一次不发生；知道一次实验的结果，不代表所有实验的结果。

（3）统计表和统计图

统计图和统计表哪种更适合数据分析结果的表现这一问题的争论由来已久。当涉及图形方法和模型时，统计学界分成了两派。图形研究人员倾向于轻视模型，而专注于数据的直接表示，而不是通过概率分布。而建模者倾向于认

---

① Lecoutre M-P. Cognitive models and problem spaces in “purely random” situations [J]. Educational Studies in Mathematics, 1992, 23: 557-568.

② Sharma S. Statistical ideas of high school students: Some findings from Fiji [D]. New Zealand Waikato, University, Hamilton: , 1997.

③ 巩子坤，何声清. 7-14 岁儿童的独立随机序列认知发展[J]. 教育导刊，2016(12): 36-41.

④ 巴桑卓玛. 中小学生对统计的认知水平研究[D]. 长春：东北师范大学，2006.

为图形是用来探索原始数据的“玩具”，但当涉及建模的严肃研究时，图形并没有多大帮助[①]。但与此同时，很多统计学者又发现在实际使用中，很多人对统计图和统计表的使用素养并不高[②③]。因此，在实践研究中，统计表的认知水平往往和统计图的认知水平结合在一起。这是因为统计表和统计图都是完成统计分析的常用工具，其功能都是把数据信息简明地表示出来。

因此，一些学者同时对统计表和统计图的认知水平进行分级。美国统计协会的《统计教育评估和教学指南报告：学龄前至十二年级的课程框架》也是统计认知的常用水平分级。GAISE 框架确定了学生必须通过的三个发展水平才能被认为掌握了统计素养（标记为 A、B 和 C)。研究认为，可以从统计图或统计表的五步认知过程考虑。

第一步：开始查看标题、轴、图例、脚注和来源，找出数据的上下文和预期质量。考虑调查和测验中所问问题、样本数量、抽样程序和抽样误差的资料。

第二步：这些数字的含义。在一个或多个类别或年份中寻找最大和最小的值，以获得对数据的印象。

第三步：不同数字之间的差异。如查看单个数据集、一行或一列或图的一部分中的数据值的差异。这可能涉及随着时间的推移而发生的变化，或者在一个类别内进行比较，如在任何时候进行男性和女性的比较。

第四步：寻找关系。表中变量之间的关系是什么？使用第三步中的信息来跨两个或多个类别或时间框架进行比较。

第五步：探讨问题。如为什么数字会变化？为什么会有差异？通过考虑社会、环境和经济因素，在数据中寻找关系的原因[④]。

---

① Gelman A. Why tables are really much better than graphs[J]. Journal of Computational and Graphical Statistics, 2011, 20(1): 3-7.

② Gelman A, Pasarica C, Dodhia R. Let's practice what we preach: turning tables into graphs[J]. The American Statistician, 2002, 56(2): 121-130.

③ Kastellec J P, Leoni E L. Using graphs instead of tables in political science[J]. Perspectives on politics, 2007, 5(4): 755-771.

④ Kemp, Marian, and Barry Kissane. A five step framework for interpreting tables and graphs in their contexts[J]. Proceedings of the Eighth International Conference on Teaching Statistics. 2010, 1-6.

Curcio 将统计图表的理解能力分为读取数据本身的信息，读取数据之间的信息和读取超越数据本身的信息三个层次[①]。Shaughnessy 等人在 Curcio 的基础上再加上一个层次：读取数据之外的信息，即推断[②]。也有国内研究者将统计图表的认知水平定义为直接读取数据信息，数据信息之间的对比、分析，全面分析数据的基础上做出一定合理的归纳及推断三个层次[③④]。

本研究根据以上水平划分，将统计表的认知水平分为能从统计表中读取数据或图表信息；能从统计表中读取多个信息并进行对比计算；能从统计表中通过多个信息之间的关系做出推断或判断。具体见表 3.13。

表 3.13 统计图和统计表水平划分

属　性	水平 1-3（从上到下）
统计图和统计表	能从统计图和统计表中读取数据或图表信息
	能从统计图和统计表中读取多个信息并进行对比计算
	能从多个（3 个以上）统计图和统计表中通过多个信息之间的关系做出推断或判断

本研究主要关注前两个水平。一方面考查的水平过高和其他知识点不匹配，在测试中容易分不清学生做答错误是因为知识水平不足还是因为知识点掌握不够。另一方面，如果一个题目同时考查 3 个以上的统计图表时，题目占用的篇幅较高，并且也不符合小学生试题常态。综上，在命题时主要考查前两个水平。

（4）统计量

在水平划分上，我国《课标》（2022 版）要求“体会平均数的作用，能够计算平均数，能用自己的语言解释其实际意义”。其他国家的要求也类似，如新加坡要求“理解并解释平均数，计算平均数，已知平均数和项数求总量，解释含平均数的文字应用题”。吴骏的研究表明，学生对平均数概念的理解经历

① Curcio F R. Developing Graph Comprehension. Elementary and Middle School Activities[M]. National Council of Teachers of Mathematics, Inc., 1906, 22-91.

② Bishop, Alan J., ed. International handbook of mathematics education[M]. Cham, Springer Science & Business Media, 1996, 8-22.

③ 谢欢碧. 小学高年级学生统计图表理解水平研究[D]. 杭州：杭州师范大学, 2015.

④ 宋玉连. 中学生对统计表的理解能力的研究[D]. 上海：华东师范大学, 2005.

了初步了解、产生表象、形成表象、关注性质和形式化5个水平，但是并没有给出具体的水平描述[①]。但以上内容都是从计算的角度着手。研究表明，如果学生只学习将所有数值相加并除以数值数目的算法，平均数的代表性、中间位置、平衡和补偿意义会缺失[②③④]。在实际教育中，学生总是先学习什么是平均数，然后再学习如何使用，而这种方式是颠倒的[⑤]。因此，有研究从平均数的产生和应用角度，将平均数分为7个层次：平均值位于极端值之间；所有数和平均值的差，其和为0；平均值受平均值以外的数值影响；平均值不一定与其中一个值相等；平均值可以不对应物理现实；当人们计算平均值时，如果出现零值，就必须把它考虑进去；平均值是被所有值所代表的中点[⑥]。

百分率尽管和平均数代表的含义不同，但是有相似的计算方式和使用环境。鉴于百分率的研究较少，通过与一线教师商讨，在综合考虑以上研究的基础上，本研究将平均数和百分率的水平划分为以下四个层次：了解平均数和百分率的取值范围，理解平均数和百分率与原始数据之间的关系；理解平均数和百分数的计算公式和统计意义；能够运用平均数和百分率描述大数据的特征。具体见表3.14。

---

① 吴骏. 小学四年级学生对平均数概念理解的发展过程[J]. 数学教育学报，2011，20(03):39-41+102.

② Strauss S, Bichler E. The development of children's concepts of the arithmetic average[J]. Journal for Research in Mathematics Education, 1988, 19(1): 64-80.

③ Mokros J, Russell S J. Children's concepts of average and representativeness[J]. Journal for research in Mathematics Education, 1995, 26(1): 20-39.

④ Bakker A. The early history of average values and implications for education[J]. Journal of Statistics Education, 2003, 11(1):1-18.

⑤ Bakker A. The early history of average values and implications for education[J]. Journal of Statistics Education, 2003, 11(1):1-18.

⑥ Strauss S, Bichler E. The development of children's concepts of the arithmetic average[J]. Journal for Research in Mathematics Education, 1988, 19(1): 64-80.

表 3.14 统计量水平划分

属 性	水平 1–3（从上到下）
统计量	了解平均数和百分率的取值范围
	理解平均数和百分率与原始数据之间的关系
	理解平均数和百分数的计算公式和统计意义
	能够运用平均数和百分率描述大数据的特征

在本研究的命题中主要考查前三个水平。这是因为在小学中统计量包含数学维度和统计维度两个层次。前者更加注重计算，而后者更加注重数据代表的意义。前三个水平已经能够包含以上两个维度。但是，一线专家表示，当数据量较大，或数字比较复杂时，学生的做答准确率会下降，这种下降可能是由于数学计算能力或对大量数据缺乏经验和耐心导致，不建议使用。因此，本次研究中的命题主要依据前三个水平。

（5）小结

需要特别指出的是，尽管本部分对不同知识的水平进行了划分，但是由于本研究主要考查知识点的进阶路线，而非水平进阶路线，因此在 ***Q*** 矩阵划分时只以知识点进行划分。以上水平划分仅用于命题时的参考。

实际上，在相关研究中，如果只研究单个知识点，则一般会通过水平划分来研究进阶路线[①]。但在多个知识点的进阶路线研究中，一般不以水平作为划分标准。具体原因有两点：第一，对于多个知识点进行水平划分，会导致水平维度数量过多，如本研究中共有 11 个子维度的知识点，如果进一步按照水平划分则会有 30 至 40 个水平维度。过多的维度会导致测试所需要的题目数量成几何递增。因此，认知诊断的实践研究中受命题数量的限制，一般在研究中不会超过 20 个知识点。第二，对于不同的知识点，其水平划分的标准不同。常见的水平划分标准有按照知识次序划分、按照知识难度划分、按照过程划分等。由于划分的标准不同，因此把不同知识的水平糅杂在一起进行研究并不符合已有的研究范式。

除以上内容外，还需要考虑计算难度。因为本研究主要关注统计知识，而

① 白胜南. 中学生概率概念学习进阶的构建问题研究[D]. 长春：东北师范大学,2021.

非计算能力。但统计是对数据进行处理的学科，完全避免计算并不现实。本研究中选取的对象为六年级学生，经过 6 年的数学学习，学生已经有了较好的计算训练。但为了防止计算能力对本研究产生过多的影响，本研究中设计的题目不会出现复杂的四则运算，也不出现大数运算。通过降低计算难度尽量减少计算对本研究的影响。

综上，本研究的题目需要参考以上内容的水平划分，知识点难度以初等、中等为主，不使用高难度水平命题。

（三）测试题目编制

1. 首轮题目质量筛查

根据以上研究和分析，参考已有的题目，初步进行了试题的命制。为保证后期题目数量充足，初次编制共计 32 个题目，其中部分题目的考查知识相同。但题目质量是否符合，需要咨询一线专家的意见。本轮选取了 7 位一线专家，3 位高校统计方向的专家，专家构成情况见表 3.15。

表 3.15　专家信息统计表

编　号	性　别	学　历	职　业	职　称
A1	男	博士	高校教师	副教授
A2	男	硕士	小学教师	小教二级
A3	男	硕士	小学教师	小教一级
A4	女	博士	高校教师	副教授
A5	女	博士	高校教师	副教授
A6	女	硕士	小学教师	小教二级
A7	女	硕士	小学教师	小教二级
A8	女	硕士	小学教师	小教一级
A9	女	硕士	小学教师	小教一级
A10	女	硕士	小学教师	小教二级

10 位专家均来自数学领域，在对题目进行阅读后，专家们针对题目提出了自己的具体意见，经过整理后选取核心建议如下。

核心建议 1

题目：小明特别喜欢企鹅，他在网上查找了三种类型企鹅每年养育小企鹅的数量，具体见下图。

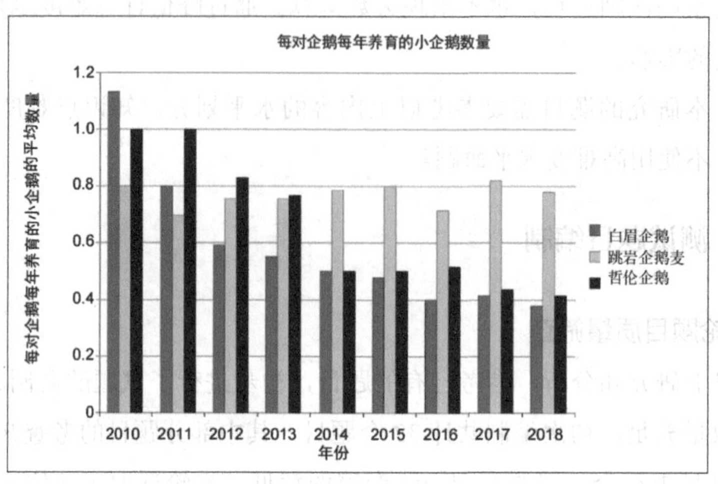

根据上图，以下说法正确的数量是（ ）

2010 年，每对企鹅夫妇平均养育的小企鹅数量超过 0.6 只。

2016 年，平均不到 80% 的企鹅养育了一只小企鹅。

未来几年，这三种企鹅类型将灭绝。

2011 年至 2014 年，每对麦哲伦企鹅养育的小企鹅的平均数量有所减少。

A.1 个　　B.2 个　　C.3 个　　D.4 个

此题改编自 PISA 考试题目，考查的内容为条形统计图。编号 A1，A4，A6，A7，A8 的五位专家指出，根据前文的分析，复式统计图不在考查范围内，询问核实，是否删除。A4，A5，A9 三位专家指出，此题涉及一个隐藏知识点，即每个企鹅家庭可以生育几只小企鹅。A7，A9 两位教师认为此话题远离学生生活实际，建议修改。

处理方式：根据以上专家的意见对题目进行了两轮的修改，但修改后和专家讨论仍未获得通过，最终删除此题目。

核心建议 2

题目：长白山是东北的一个著名旅游景点，它最好的攀登时间是每年的7月1日至8月27日（7月有31天），大约有20万人在此期间登山。请问平均每天大约有多少人爬长白山？（　）

A. 340　　B. 710　　C. 3400　　D. 7100

此题目选自PISA考试题目，考查点是平均数。在PISA试题的知识标记中也明确地记录了考查知识点为平均数。但编号A1，A3，A4，A5，A7，A8，A10的七位专家都提出，此题目考查的内容过于简单，而且其中涉及的日期可能会带来干扰，不利于统计知识的考查，建议删除。

处理方式：根据专家建议，此题目删除。

核心建议 3

题目：现在是2022年，小明的爸爸想要买一辆二手汽车用于送货，于是小明和他的爸爸查看了某个二手车网站，发现了几辆车的信息，如下表

	马自达	现代	大众	丰田	比亚迪
生产年份	2015	2020	2018	2014	2018
已行驶的里程	8345公里	4592公里	2983公里	19840公里	6289公里
报价	32000元	41500元	64000元	21000元	56000元
发动机排量	2.0	1.4	1.6	2.0	1.8

小明的爸爸想选择一辆满足以下条件的汽车

#生产年限不能超过8年

#行驶历程不能超过8000公里

#报价不能超过60000元

#发动机排量不超过1.6

小明应该推荐哪个品牌的汽车给他的爸爸？

A. 马自达　　B. 现代　　C. 大众　　D. 丰田　　E. 比亚迪

此题目选自 PISA 考试题目，考查点是复式统计表。但编号 A3，A7，A9，A10 的四位专家都提出，此题目信息量过大，超出小学生常见的题目长度，建议删除部分内容。在与专家 A1 和 A5 商议后，专家认为删减信息后题目的效度会降低，建议删除此题目。

处理方式：根据专家建议，此题目删除。

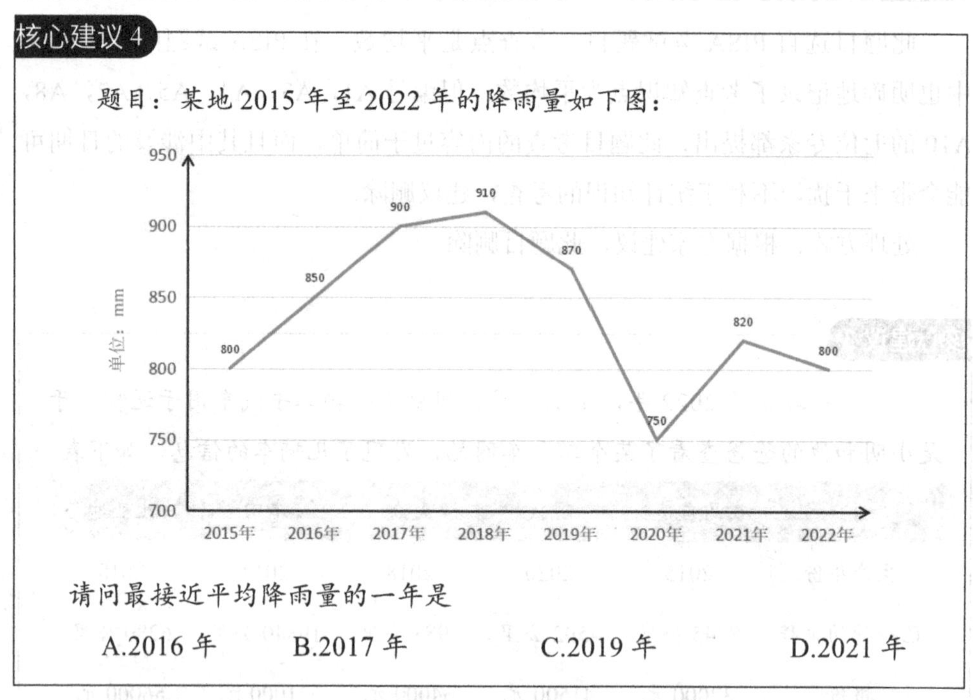

核心建议 4

题目：某地 2015 年至 2022 年的降雨量如下图：

请问最接近平均降雨量的一年是

A.2016 年　　B.2017 年　　C.2019 年　　D.2021 年

此题目根据教科书练习题改编，考查了折线统计图和平均数，原意是学生可以通过图像大致估计出平均数位置，也可以通过数据计算。编号 A1，A4，A6，A8 的四位专家指出，题目中的 2021 年和 2016 年都比较接近平均数，不利于学生数据意识的培养，建议改变选项。

处理方式：根据专家意见调整了选项。

核心建议 5

题目：很久以前，澳大利亚还没有兔子。大约在 1780 年，兔子被带到澳大利亚。那时，澳大利亚还没有吃兔子的动物。因为没有天敌，所以兔子开始以非常快的速度繁殖。这个表格显示了兔子每年的数量是如何变化的。

年份	数量
1780	10
1781	18
1782	32
1783	58
1784	108
1785	

以下说法正确的是

A. 每过一年，兔子的数量增长 8 只

B. 每过一年，兔子的数量大概是去年的 2 倍

C. 每过一年，兔子的数量是去年的 2 倍少 8 只

D. 每过一年，兔子的数量大概是去年的 2 倍少一点

此题目选自 MAM 教科书，考查了简单统计表和数字规律。学生需要在统计表中获得数据，并探索数据中的规律。专家 A1，A2，A5，A7，A8，A10 指出，此题目考查点为简单统计表和数据规律，但“数据的规律”不在考查范围内，会对结果产生干扰，建议删除。

处理方式：根据专家意见，删除了此题目。

核心建议 6

题目：已知东京和悉尼某年 1 至 12 月的气温变化如下图：

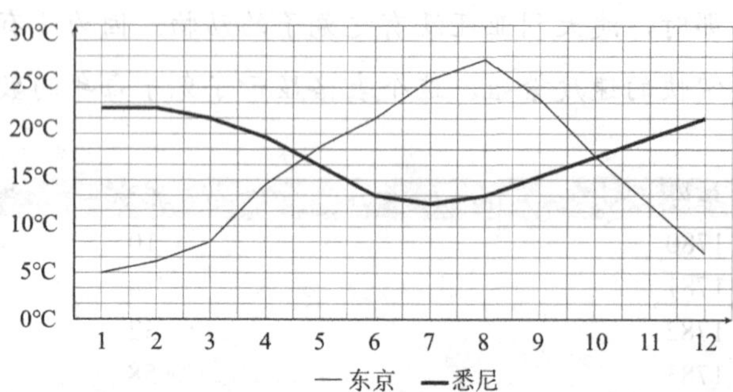

小明毕业工作后经常需要在东京和悉尼之间旅行，根据上图请问他应该注意些什么？

此题目选自启林馆版教科书，考查了学生对折线统计图的认识。本题只涉及两条折线统计图，学生需要根据月份查找两地气温的隐藏信息。但专家 A2，A3，A4，A6，A9，A10 都指出，此类题目学生接触较少，没有提示的情况下回答角度五花八门，并且开放题目不易评分，建议调整为非开放题目。

处理方式：根据专家建议，调整成为选择题。

核心建议 7

题目：某国 2005 年男女人口百分数比例的统计图如下：

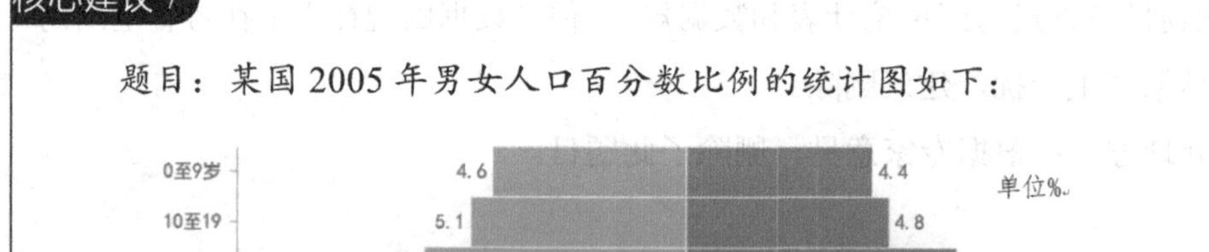

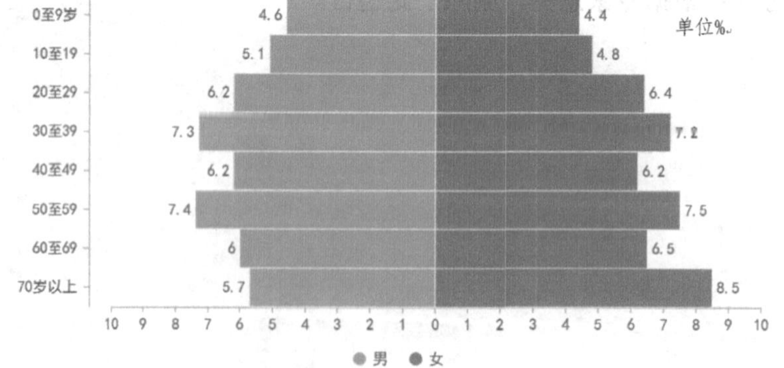

根据上图，请问此国 2005 年 60 岁以上（含 60 岁）的人口占总人口的（ ）

A.11.7%　　B.15%　　C.26.7%　　D.6%

此题改编自启林馆版教科书，使用了复式条形图，编号 A1，A4，A6，A7，A8 的五位专家指出，根据前文的分析，复式统计图不在考查范围内，询问核实，是否删除。

处理方式：根据专家建议，删除此题目。

此外，专家们还对题目的表述、图形的细节、答题时间等提出了专业的意见。根据专家的意见对题目进行了修订，并删除了部分题目以减少题量，最终获得了 24 个题目，其中选择题 13 个，填空题 6 个、作图题 2 个、简答题 3 个。

2. 第二轮题目质量筛查

在获得了初次编制的 24 个题目后，在一线选择 3 所学校，每所学校各 1 个班级，总计 3 个班级进行测试，用于判断题目的质量。共计发放测试对象 108 人，回收 108 人，把试题中错误率高于 50% 的题目单独筛选出来，辅以代表性试卷，请专家通过质化分析方法检查试卷题目，判断题目出现难度过大的原因。本轮参与的专家共有 6 人，其中有 3 人为上一轮专家，3 人为本次加入的一线专家，详细信息见表 3.16。

表 3.16 专家信息统计表

编 号	性 别	学 历	职 业	职 称
A1	男	博士	高校教师	副教授
A5	女	博士	高校教师	副教授
A6	女	硕士	小学教师	小教二级
B1	女	硕士	小学教师	小教一级
B2	女	硕士	小学教师	小教一级
B3	女	本科	小学教师	小教高级

本轮专家根据学生答题效果对题目提出了编写建议，整理其中的核心建议如下：

核心建议 1

题目：小明有 3 个整理箱和一堆凌乱的积木。他想把这堆积木整理到他的 3 个小箱子中，并在整理箱外面贴上分类标签，下次玩的时候就方便查找了。已知积木有不同的颜色、不同的形状、不同的材料和不同的长度，具体如下：

不同颜色（红、橙、黄、绿、青、蓝、紫）；

不同形状（长方体、球体、圆锥、三棱柱、圆柱体）；

不同材料（木头、塑料、金属）；

不同长度（从 1cm 到 23cm 都有）。

你认为以下 7 个标签分类方法正确的是（　　）

①红色、蓝色、绿色

②红色、绿色、其他颜色

③红色、蓝色、长方体

④我喜欢的颜色、我喜欢的形状、我喜欢的材料

⑤长方体、圆柱体、其他

⑥长度 5cm 以下的、长度在 5 ～ 10cm（含 5cm）、长度 10 以上（含 10cm）

⑦木制积木、塑料积木、金属积木

通过试卷分析后，专家 A1 认为这个题目学生作答效果参差不齐，原因可能有两点，一方面可能是因为题目信息量过多，学生阅读存在困难；另一方面是学生对这种多选的题型不太熟悉，建议修改为单项选择题。

处理方式：根据专家建议，把此题修改为单项选择题。

核心建议 2

题目：小艾公司和大为公司都生产两类产品：物理血压仪和电子血压仪。可以直接出厂的产品称为优质品，如果血压仪有故障则称为次品，需要返厂维修。两个公司每天生产产品的数量和次品率都不同。具体见下表：

	物理血压仪出厂的数量	物理血压仪出厂的次品率
小艾公司	2000	5%
大为公司	7000	4%

	电子血压仪出厂的数量	电子血压仪出厂的次品率
小艾公司	6000	3%
大为公司	1000	2%

请问总的来看，哪家公司血压仪的次品数量较低？为什么？

此题目根据 PISA 考试题目改编，但专家 A1 审阅部分卷面后认为学生作答错误的角度很多，包括对题意理解困难，计算错误，审题错误等，建议把此题目的信息量降低，修改为单项选择题。

处理方式：根据专家建议，把此题的复式统计表改为简单统计表后，再修改为单项选择题。

核心建议 3

题目：U 盘是一种小型计算机存储设备。小明有一个存储音乐和照片的 U 盘，其可用容量为 1000MB，具体分配见下表。

内　容	空　间
音乐	150MB
照片	330MB
剩余空间	520MB

他的爸爸给了他一个可用容量为 2000 MB 的新 U 盘，小明将他旧 U 盘的内容转移到新 U 盘上。以下图代表了新 U 盘的磁盘状态的是（　　）

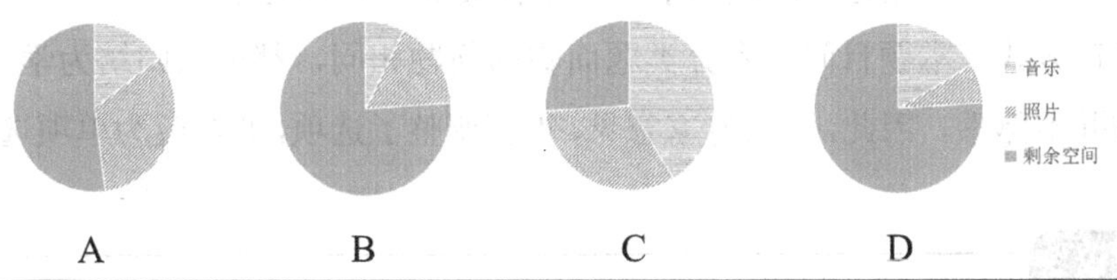

A　　B　　C　　D

专家 A6 认为，此题考查知识点较好，但通过题目准确率较低的原因可能是信息量过大。本题目是文字、统计表和统计图交替出现，学生可能存在一定的阅读困境。另外，受限于生活经验，部分学生可能对 U 盘、U 盘容量和容量单位 MB 等词汇，产生困扰。考虑到此题中的统计表和统计图都有其他考查点，因此建议删除此题。

处理方式：在获得专家建议后，和 A5 专家进行了进一步商讨，A5 专家认为此题一方面信息量较多，且中间存在容量变化这一陷阱；另一方面占据篇幅较大，在存在替代知识点的情况下，可以删除。因此，最终删除了此题目。

核心建议 4

题目：华乐公司生产手机，在产品出厂前需要对产品进行测试，将出现故障的设备返厂送修。已知公司每天平均生产4000台手机，最近10天返厂百分比如右图（即左侧的单位是%）：

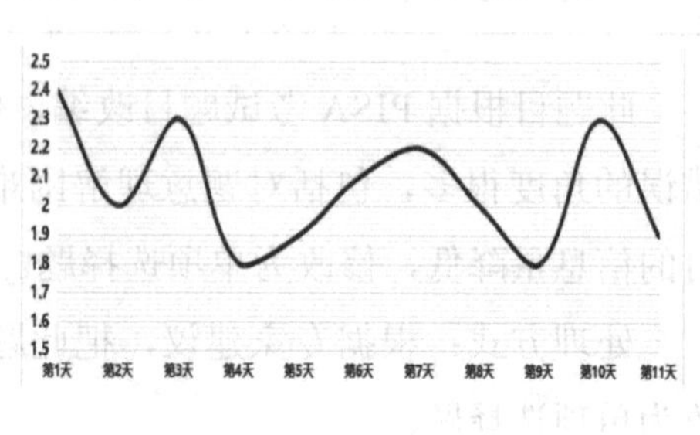

以下说法正确的句子是（　　）

①在每批制作的手机中，会有80个故障手机。

②在某批制作的手机中，可能有83个将是有故障的。

③在某批制作的手机中，可能会没有故障手机。

④任何一天生产的手机数量都不会超过4100台。

⑤在一周内，每天故障的手机数量可能不同。

专家B1表示非常喜欢这个题目。此题借助折线统计图考查了随机性。但题目存在两个问题，第一，此题中使用了曲线而非折线，和学生认知不符，建议调整；第二，此题建议修改为单选题或答案唯一的填空题。

处理方式：本题目问题和分类题面临的问题相同，都可以归结为学生对这个题型并不熟悉。因此，遵从专家意见，重新调整了选项，并修改为单项选择题。

核心建议 5

题目：有9个学生用同一把尺子测量同一个小物体的长度。他们的数据结果记录如下：

6.3cm，6.0cm，6.0cm，6.8cm，6.1cm，6.3cm，6.2cm，6.15cm，6.3cm

试估计这个小物体的长度？并说明你估计的理由。

专家B2表示，此题目尽管想要考查平均数，但现实中可以估算的角度很多，此题学生作答角度不固定，并不能保证学生一定会使用平均数作答，如果用中位数和众数的角度去作答，不应视为错误答案，会导致知识标定出现困难。建议删除。

处理方式：遵从专家意见，删除了这个题目。

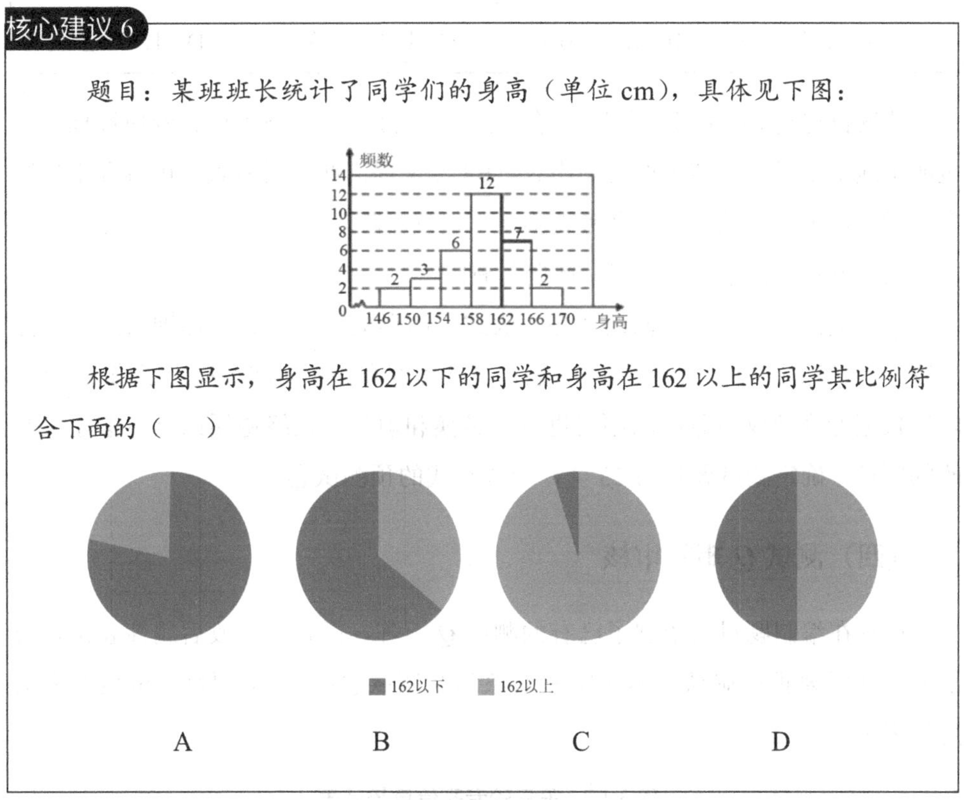

核心建议 6

题目：某班班长统计了同学们的身高（单位 cm），具体见下图：

根据下图显示，身高在 162 以下的同学和身高在 162 以上的同学其比例符合下面的（　）

专家 B2 指出，此题目中选项图形不够精确，学生只能找到“最接近”的，但完全契合的答案并不存在，建议修改题目选项的图形。本题目访谈作答学生时，有一名学生质疑，问题为 162cm 以上和 162cm 以下的学生数量比例，要是正好 162 的同学显示在哪里？该同学代表了一部分同学的困惑，但该同学对其他条件表示不存疑，并且清楚考查意向，并未影响题目作答。本题目的考查点为频数分布直方图，并非我国教科书必修知识点，除青岛版和西师大版教科书外，其他教科书未收录。

处理方式：遵从专家意见，题干处改成 162cm 以下（含 162cm），修改选项图形。

核心建议 7

题目：已知长白山的步道单程长约 9 公里。在不考虑用餐时间和休息时间的情况下，小明估计他可以以每小时 1.5 公里的平均速度爬上山，然后能以两倍的速度下山。如果小明想晚上 8 点前下山，那么他出发的时间不能晚于（ ）

A. 上午 9 点　B. 上午 10 点　C. 上午 11 点　D. 上午 12 点

此题目选自 PISA 考试题目，考查点是平均数。在 PISA 试题的属性标记中也明确地记录了考查知识点为平均数。B3 专家提出此题目考查的内容和平均数有偏驳，对平均数的统计意义考查不足，建议删除。

处理方式：根据专家建议，此题目删除。

除以上信息外，专家们还对题目表述、图形的清晰度、坐标轴信息的标注位置、信息标注名称、题目次序、题目复杂程度和作答时间等提出了修改建议。随后根据专家建议对删除的题目进行了替换和填补，最终遵循以上专家建议修改的题目，确定测试题目为 23 个，形成正式的预测试卷。

（四）测试 *Q* 矩阵审核

尽管在编制题目时依据了已有的测试 *Q* 矩阵，但题目修改后属性表达是否准确，还需要再次确认。本轮审核对象为初测试卷的 23 个题目，审核专家信息见表 3.17。

表 3.17　第三轮专家信息统计表

编号	性别	学历	职业	职称	方向
A1	男	博士	高校教师	副教授	统计学
C1	男	博士	高校教师	教授	数学教育
B2	女	硕士	小学教师	小教一级	小学数学
B3	女	本科	小学教师	小教高级	小学数学
C2	女	本科	小学教师	小教一级	小学数学
C3	女	硕士	小学教师	小教二级	小学数学
C4	女	硕士	小学教师	小教一级	小学数学

本轮审核专家一共 7 人，其中高校教师 2 人，一线专家 5 人；统计学方向专家 1 人，数学教育方向专家 1 人，小学数学方向 5 人。知识矩阵审核的方法如下：向 7 位专家发放知识矩阵空表，见表 3.18。

表 3.18　专家所用知识矩阵

	分类	随机性	简单统计表	复式统计表	象形统计表	柱形图或条形图	折线统计图	扇形统计图	频数分布直方图	平均数	百分数
题目 1											
题目 2											
…											
题目 21											

专家们根据 23 个题目考查的属性（知识），在对应的表格内填入 1 或 0，然后计算每个题目对应属性专家认为考查的数量（对确定位置的 7 位专家数字加和），专家一共有 7 人，如果计数大于等于 5 则认为此题目考查了这个属性（知识），如果小于等于 2 则认为没有考查这个属性（知识），对于大于等于 3 且小于等于 4 的位置则需要进一步讨论。为专家填写方便，本部分只要求专家填写其认为直接考查的属性（知识），而不考虑属性间的层级关系。对专家们的标识加和后结果，见表 3.19。

表 3.19　专家所选知识点汇总表

编号	分类	随机性	简单统计表	复式统计表	象形统计表	柱形图或条形图	折线统计图	扇形统计图	频数分布直方图	平均数	百分数
1	1	0	0	6	0	0	0	0	0	0	6
2	0	5	0	0	0	0	6	0	0	0	7
3	2	1	0	7	0	0	0	0	0	0	7
4	1	0	7	0	0	0	0	0	0	7	0
5	2	0	0	0	7	0	0	0	0	0	0
6	0	6	0	0	0	1	0	0	0	0	0
7	1	6	0	0	0	0	0	0	0	4	1

续表

编号	分类	随机性	简单统计表	复式统计表	象形统计表	柱形图或条形图	折线统计图	扇形统计图	频数分布直方图	平均数	百分数
8	0	7	0	0	0	0	0	0	0	1	0
9	0	1	0	0	0	6	0	0	0	0	0
10	2	0	7	0	0	0	0	0	0	0	7
11	1	0	0	0	0	7	0	7	0	0	2
12	2	0	0	0	0	3	0	7	5	0	1
13	0	0	0	0	0	7	0	7	0	0	7
14	0	0	0	0	0	0	7	0	0	6	0
15	0	0	7	0	0	0	7	0	0	0	0
16	0	2	0	1	0	0	6	0	1	0	0
17	5	0	0	6	1	2	0	0	6	0	0
18	1	0	0	7	6	0	0	0	0	0	0
19	2	0	0	7	3	0	0	0	0	0	0
20	5	0	7	2	0	3	0	0	5	0	0
21	0	0	7	0	0	0	7	0	0	0	0
22	6	0	0	6	0	0	0	0	0	0	0
23	0	0	0	0	0	7	0	0	0	7	0

关于题目的修订如下：

争议题目分析：第 7 题

7. 学校安排甲、乙两组小朋友值周。其中一项工作是记录学校早自习迟到的小朋友数量。甲组负责第一周，乙组负责第二周。以下说法正确的是（　　）

A. 甲组每天记录的数量都相同

B. 两组记录的总数量相同

C. 两组记录的每天迟到平均人数可能相同

D. 两组两周记录的平均数不同

此题有 4 位专家选择了平均数，有 3 位专家没有选择平均数。根据和专家讨论分析的结果来看，3 位专家认为此题没有考查平均数的计算。但从平均数的统计意义来看，此题考查了使用平均数判断数据规律这一知识点。经过商讨，专家们对此题表示认可，认为考查属性（知识）应增加平均数。

争议题目分析：第 12 题

12. 某班长统计了同学们的身高（单位 cm），具体见下图，

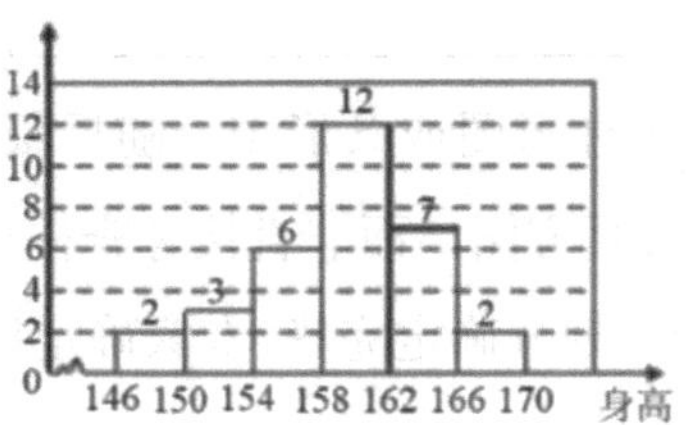

根据下侧直方图显示，身高在 162 以下（含 162）的同学和身高在 162 以上同学所占比例符合下面哪个选项（　　）

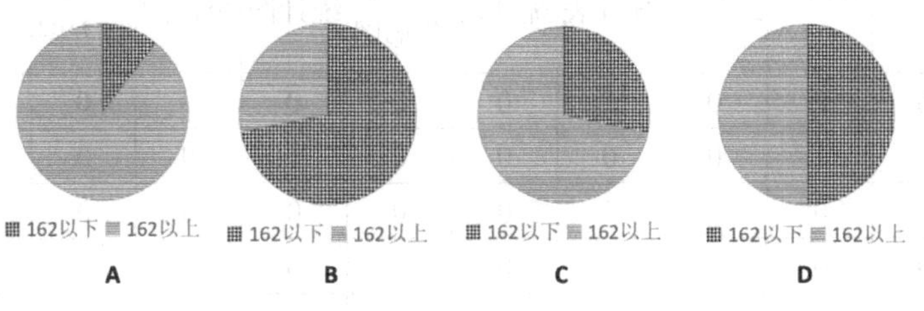

有 3 位专家认为考查了柱形图或条形图，随后根据和专家的沟通，3 位专家同意本题考查了频数分布直方图，而非直接考查柱形图或条形图。

争议题目分析：第 20 题

20. 小明班级有 20 名同学，老师统计了这 20 位同学的身高，

学号	身高（cm）	学号	身高（cm）	学号	身高（cm）	学号	身高（cm）
1	150	6	155	11	155	16	150
2	160	7	165	12	170	17	145
3	155	8	150	13	175	18	160
4	170	9	145	14	160	19	165
5	175	10	160	15	140	20	185

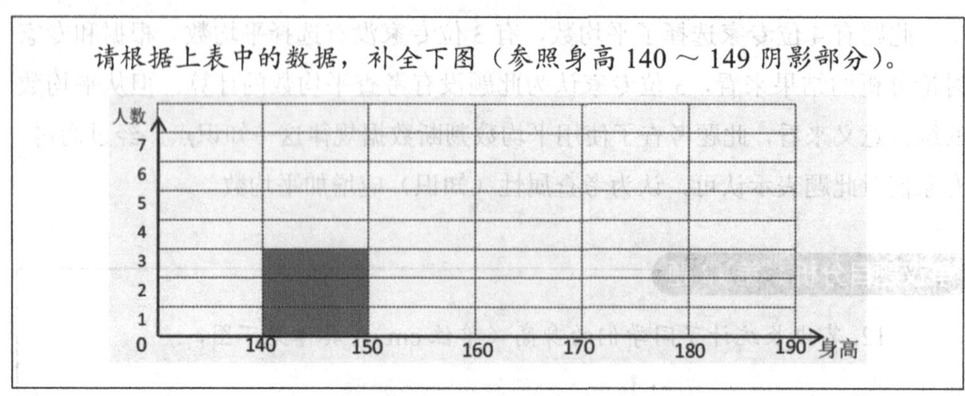

有 3 位专家认为考查了柱形图或条形图，随后根据和专家的沟通，3 位专家同意本题考查了频数分布直方图，而非直接考查柱形图或条形图。

至此，本轮属性（知识）划分确定完毕，专家确定后的知识属性见下表 3.20。

表 3.20　经过专家确定的知识属性表

编号	分类	随机性	简单统计表	复式统计表	象形统计表	柱形图或条形图	折线统计图	扇形统计图	频数分布直方图	平均数	百分数
1	0	0	0	1	0	0	0	0	0	0	1
2	0	1	0	0	0	0	1	0	0	0	1
3	0	0	0	1	0	0	0	0	0	0	1
4	0	0	1	0	0	0	0	0	0	1	0
5	0	0	0	0	1	0	0	0	0	0	0
6	0	1	0	0	0	0	0	0	0	0	0
7	0	1	0	0	0	0	0	0	0	1	0
8	0	1	0	0	0	0	0	0	0	0	0
9	0	0	0	0	0	1	0	0	0	0	0
10	0	0	1	0	0	0	0	0	0	0	1
11	0	0	0	0	0	1	0	1	0	0	0
12	1	0	0	0	0	0	0	1	1	0	0
13	0	0	0	0	0	1	0	1	0	0	1
14	0	0	0	0	0	0	1	0	0	1	0
15	0	0	1	0	0	0	1	0	0	0	0
16	0	0	0	0	0	0	1	0	0	0	0
17	1	0	0	1	0	0	0	0	1	0	0
18	0	0	0	1	1	0	0	0	0	0	0

续表

编号	分类	随机性	简单统计表	复式统计表	象形统计表	柱形图或条形图	折线统计图	扇形统计图	频数分布直方图	平均数	百分数
19	0	0	0	1	0	0	0	0	0	0	0
20	1	0	1	0	0	0	0	0	1	0	0
21	0	0	1	0	0	0	1	0	0	0	0
22	1	0	0	1	0	0	0	0	0	0	0
23	0	0	0	0	0	1	0	0	0	1	0

根据前文确定的属性（知识）关系，填补不同属性（知识）之间的层次关系后，得到本次测量的 ***Q*** 矩阵见下表 3.21。

表 3.21　测验 ***Q*** 矩阵

编号	分类	随机性	简单统计表	复式统计表	象形统计表	柱形图或条形图	折线统计图	扇形统计图	频数分布直方图	平均数	百分数
1	1	0	1	1	1	0	0	0	0	0	1
2	1	1	0	0	0	0	1	0	0	0	1
3	1	0	1	1	1	0	0	0	0	0	1
4	1	0	1	0	1	0	0	0	0	1	0
5	1	0	0	0	1	0	0	0	0	0	0
6	0	1	0	0	0	0	0	0	0	0	0
7	0	1	0	0	0	0	0	0	0	1	0
8	0	1	0	0	0	0	0	0	0	0	0
9	1	0	0	0	0	1	0	0	0	0	0
10	1	0	1	0	1	0	0	0	0	0	1
11	1	0	0	0	0	1	0	1	0	0	1
12	1	0	0	0	0	1	0	1	1	0	1
13	1	0	0	0	0	1	0	1	0	0	1
14	1	0	0	0	0	0	1	0	0	1	0
15	1	0	1	0	1	0	1	0	0	0	0
16	1	0	0	0	0	0	1	0	0	0	0
17	1	0	1	1	1	1	0	0	1	0	0

续表

编号	分类	随机性	简单统计表	复式统计表	象形统计表	柱形图或条形图	折线统计图	扇形统计图	频数分布直方图	平均数	百分数
18	1	0	1	1	1	0	0	0	0	0	0
19	1	0	1	1	1	0	0	0	0	0	0
20	1	0	1	0	1	1	0	0	1	0	0
21	1	0	1	0	1	0	1	0	0	0	0
22	1	0	1	1	1	0	0	0	0	0	0
23	1	0	0	0	0	1	0	0	0	1	0

经对比，此 ***Q*** 矩阵和前文确定的 ***Q*** 矩阵相同，这也从另一个角度证明了此 ***Q*** 矩阵的有效性。接下来要使用此试题进行初测，并根据 ***Q*** 矩阵进行数据分析，从量化角度对测试质量和 ***Q*** 矩阵的有效性进行进一步的论证。

最终 ***Q*** 矩阵中包含 11 个属性（知识点），23 个题目，每个属性（知识点）都被考查，满足考查的需求和要求。

四、试卷预测

量化分析的本质是数学和统计模型相拟合的过程。从软件角度，任何数据置入软件后，软件都会给出计算结果。但这个结果是否科学有效则需要通过模型和数据之间的关系进行讨论。从统计分析过程来看，数据分为绝对拟合和相对拟合两个角度。教育测评应该始终关注绝对拟合，因为绝对模型拟合是基于模型对观察到的响应数据的拟合，而没有与其他模型进行比较[①]。相对拟合是指在某一理论范围内，到底哪一种模型更加匹配已知数据。绝对拟合和相对拟合是量化分析方法中必须考虑的两个问题。除此之外，对于测试问卷还需要考虑信度和效度。最后，每一种测量工具又有其特有的测量指标。这些指标和测量理论本身有关，需要在特定测量理论或模型下使用。这些都是测量中需要考虑的问题。

① Rupp A A，Templin J，Henson R A . Diagnostic measurement：Theory，methods，and applications[M]. New York：Guilford Press，2010：52-58

（一）测量对象

初测阶段只为探索试题指标是否科学合理，因此初测对象并没有选择全国抽样，而是根据方便性原则和目的性原则选择了J省J市作为试点。为保证测试结果能包含不同水平的数据，初测共抽取不同区域的4所小学，其中重点小学1所，普通小学1所，农村小学2所。4所学校分别各抽取六年级5个班级、5个班级、3个班级和2个班级，共计样本583人，发放试卷583份，有效回收试卷569份。有效数据数量超过了试题数量的20倍。

学生试卷进行批改后，以1（正确），0（错误）记录对错，建立responses模板，配合上文中的$\boldsymbol{Q}$矩阵，根据下文的方法和步骤进行试题的质量检测。

（二）模型选择

模型选择是相对拟合的重要判定方法。选择模型本身也是选择认知过程。因此，在所有认知诊断研究中，模型选择都是第一步工作。大量认知诊断实践表明，选择恰当的认知诊断模型是对被试准确诊断或分类的重要前提[①]，也是能够准确诊断学生的理论前提[②]。

模型选择研究中常用的指标体系有两个，分别是Akaike information criterion (AIC)[③]和the Bayesian information criterion (BIC)[④⑤]。AIC和BIC都是最常用的模型选择指标。两者的计算公式如下：

---

① Tatsuoka K K. Analysis of errors in fraction addition and subtraction problems[S]. Computer-based Education Research Laboratory, University of Illinois, 1984. 1

② 武小鹏. 八年级学生数学成就的认知诊断测评研究——基于中国四省（市）的TIMSS数据的分析[D]. 上海：华东师范大学, 2020.

③ Akaike H. A new look at the statistical model identification[J]. IEEE transactions on automatic control, 1974, 19(6): 716-723.

④ Schwarz G. Estimating the dimension of a model[J]. The annals of statistics, 1978: 461-464.

⑤ Vrieze S I. Model selection and psychological theory: a discussion of the differences between the Akaike information criterion (AIC) and the Bayesian information criterion (BIC)[J]. Psychological methods, 2012, 17(2): 228.

$$\text{AIC} = -2\log(\hat{L}) + 2t,$$

$$\text{BIC} = -2\log(\hat{L}) + \log(s) \cdot t,$$

其中，$\hat{L}$ 是对数似然（maximum value of the likelihood function of the model），在选择了适当的参数后，$\hat{L}$ 取到最大值。s 是观测值（observations），而 t 是参数数量。两个指标都需要选择不同模型中的最小值作为选择模型。AIC 和 BIC 的差异在于 BIC 增加了较大的参数惩罚。如果在 AIC 和 BIC 出现矛盾时，一般会优先选择最小 BIC 模型作为选择的模型。简而言之，最小 BIC 值的模型是优选。对以上模型进行模型选择分析，结果见表 3.22。

表 3.22　模型选择结果

	AIC	BIC
DINA	14322.47	14813.33
DINO	14403.42	14894.28
ACDM	13786.21	14533.35
GDINA	13702.70	15679.17

通过表 3.22 可以看出，GDINA 模型的 AIC 指标最小，但 ACDM 模型的 BIC 指标最小。说明 GDINA 模型的高拟合是通过牺牲参数数量来保证的，当考虑到参数惩罚项时，ACDM 的 BIC 指标更好。根据前文的模型选择，可以认为 ACDM 模型更加适合本研究。

（三）模型拟合

模型选择是相对拟合，只能说明在这些模型中哪个模型和数据拟合度更高。但是，这个模型是否真的和这个模型拟合，需要进一步的检验。模型拟合包括绝对拟合、项目拟合以及被试拟合三个部分。

1. 绝对拟合

绝对拟合是观测模型和数据是否匹配的指标。相对拟合更像一个人更加适合穿哪个类型的衣服，是运动装、休闲装还是正装，但这个人适合穿正装，也不代表某个正装他穿真的合身。这个时候就需要进行绝对拟合检验。一般使用的绝对拟合指标有 6 个，分别为 RMSEA2，SRMSR，M2，proportion correct， log-odds ratio，transformed correlation[①]。其中最为常用的指标为标准化均方根残差（the standardized root mean squared residual，SRMSR）。SRMSR是最重要的绝对拟合指标之一，是预测协方差矩阵和观测协方差矩阵之间标准化残差的平均度。其数学表达式为

$$SRMSR=\sqrt{\frac{2\sum\sum[(s_{ij}-\delta_{ij})/(s_{ii}s_{jj})]^2}{p(p+1)}}$$

其中，s_{ij}是观测到的协方差，δ_{ij}是模型隐含的协方差，s_{ii}和s_{jj}是观测到的标准偏差，p是观察到的变量。特别地，SRMR相对独立于样本量。一般认为当SRMSR小于0.08时认为数据拟合度较高。SRMSR可以通过R-studio中的CDM package获得，经过软件计算，初测的SRMSR指标为0.074。达到拟合度要求。说明试卷获得的数据和模型绝对拟合，证明了试卷和$\boldsymbol{Q}$矩阵的合理性。

2. **项目拟合**

项目拟合是评价题目和模型之间匹配程度的指标。检验测试工具中每个项目和模型的拟合效果是认知诊断测评分析的一个重要因素。认知诊断模型与测试项目的拟合效果直接决定了该模型诊断效果的准确性[②]。因此，在通过了绝对拟合和相对拟合后，还需要确认项目和模型的匹配程度。近似的均方根误差（The root mean square error of approximation，RMSEA）是最重要的项目拟合统计指标之一，主要考虑不同潜在分类下观察反应与预测反应的偏差[③]。其数学表达式为

$$RMSEA_j=\sqrt{\sum_k\sum_c\pi(\theta_c)\left(P_j(\theta_c)-\frac{n_{jkc}}{N_{jc}}\right)^2}$$

---

① Shafipoor M，Ravand H，Maftoon P. Test-level and item-level model fit comparison of General vs. specific diagnostic classification models：A case of True DCM[J]. Language Testing in Asia，2021，11(1)：1-20.

② 宋丽红，汪文义，戴海琦等.认知诊断模型下整体和项目拟合指标[J].心理学探新，2016,36(01):79-83.

③ Kunina-Hubenicht O，Rupp A A，Wilhelm O. The Impact of Model. Misspecification on Parameter Estimation. and Item - Fit Assessment in Log-Linear Diagnostic Classification Models[J]. Journal of Educational Measurement，2012,49(1):59-81.

其中，j 是题目标号，k 是维度编号，c 是类别编号；$\pi(\theta_c)$ 是第 c 类潜在特质水平的分类概率，P_j 是正确作答的概率，n_{jkc} 是第 c 类潜在特质水平在第 j 个项目中第 k 维度的期望人数，N_{jc} 表示第 c 类潜在特质水平的期望人数。项目拟合指标 RMSEA 作为量化指标时，RMSEA 值越接近于 0，说明项目拟合效果越好，RMSEA 值越大，说明拟合效果越差。一般认为，RMSEA 小于 0.1 说明项目效果拟合度非常好①。使用 Rstudio 作为统计软件，运用 R-studio 中的 CDM package 可以根据作答反应、***Q*** 矩阵和被选模型估计 RMSEA。估计结果见表 3.23。

表 3.23 RMSEA 结果

题目编号	RMSEA	题目编号	RMSEA
1	0.054	13	0.091
2	0.067	14	0.095
3	0.092	15	0.067
4	0.064	16	0.092
5	0.063	17	0.073
6	0.065	18	0.060
7	0.059	19	0.037
8	0.039	20	0.041
9	0.098	21	0.082
10	0.073	22	0.058
11	0.054	23	0.053
12	0.074		

从上述指标中可以看出 RMSEA 最小值出现在最小第 8 题和第 19 题，分别为 0.039 和 0.037，最大值出现在第 9 题。23 个题目的 RMSEA 均小于 0.1。说明 23 个题目拟合度很高，符合要求。这也印证了知识划分的合理性。

3. 被试拟合

被试拟合即 person-fit，是观测被试反应和测试理论是否一致的统计指标。

---

① Oliveri，M E，and Davier，M V. Investigation of model fit and score scale comparability in international assessments[J]. Psychological Test and Assessment Modeling，2011，53(3)：315-333.

当被试拟合指标不合格时可以分为两种情况，第一种是学生出现了异常反应，即 aberrant responses。异常反应会危害受访者的测量准确性，并使教育测量的工具无效化。异常反应最早在项目反应理论的相关文献中开始探讨。在项目反应理论框架下，异常反应通过基于响应时间（RT）的方法来解决，如计算机自适应测试中的经典和贝叶斯检查[①②]；无反应时间的方法，如识别异常受试者的拟合分析，以及减少异常反应对能力估计影响的权重稳健估计[③④]，以及借助参数估计稳定性的 ABIAS 方法[⑤]。第二种情况是学生没有出现异常反应，但是学生的反应模式和选择的模型不匹配，这种情况下也可能产生被试拟合问题。因此，一个测试中出现少量被试拟合度不足的考生非常常见。

对于不同的项目反应理论模型，有许多适合个人的指标。Karabatsos 比较了 36 个不同测试条件下的个人拟合指标[⑥]，发现 H^T 统计量[⑦]是一种非参数统计，是检测异常考生的最佳指标。但是，最广泛使用的参数个人拟合指标是 *lz* 指

① Van der Linden W J, Scrams D J, Schnipke D L. Using response-time constraints to control for differential speededness in computerized adaptive testing[J]. Applied psychological measurement, 1999, 23(3): 195-210.

② Van Der Linden W J, van Krimpen-Stoop E M L A. Using response times to detect aberrant responses in computerized adaptive testing[J]. Psychometrika, 2003, 68: 251-265.

③ Meijer R R, Sijtsma K. Methodology review: Evaluating person fit[J]. Applied psychological measurement, 2001, 25(2): 107-135.

④ Meijer R R. Diagnosing item score patterns on a test using item response theory-based person-fit statistics[J]. Psychological Methods, 2003, 8(1): 72.

⑤ Jia B, Zhang X, Zhu Z. A short note on aberrant responses bias in item response theory[J]. Frontiers in Psychology, 2019, 10: 43.

⑥ Karabatsos G. Comparing the aberrant response detection performance of thirty-six person-fit statistics[J]. Applied Measurement in Education, 2003, 16(4): 277-298.

⑦ Sijtsma K. A coefficient of deviance of response patterns[J]. Kwantitatieve Methoden, 1986, 7(22): 131-145.

标[①②]。lz 用于量化人们对相应项目反应理论模型的依从性，lz 的大负值表示异常反应，一般而言，lz 小于 −2 代表被试拟合度不好[③④]。认知诊断中的 person-fit 指标研究起步较晚，因此目前实际操作中都借助项目反应理论下的 person-fit 指标进行检测[⑤]。

对初测试题的作答反应数据，借助认知诊断平台进行被试拟合估计，569 名被试中只有 9 人的 lz 指标小于 −2，超过 −2 的占比 98.4%，说明被试拟合很好，也说明被试作答的质量很高。

（四）项目区分度和项目难度

项目区分度和项目难度是评价项目质量的重要指标。项目具有良好的区分度和难度，是进行正式测试的前提。

1. 项目区分度

项目区分度是指题目对不同能力水平学生的区分程度。对于每个题目的区分度，本研究提供了两种不同的测量方法。第一种是基于项目反应理论的区分度测量方法；第二种是基于认知诊断的区分度测量方法。

认知诊断是在项目反应理论基础上发展起来的测量理论，因此在很多实践研究中均以项目反应理论的指标作为测试评价指标。在项目反应理论中最著名的模型为由 Lord 在 1952 年提出的正态卵形模型[⑥]。但是由于模型的数学表达式存在积分，计算较为复杂，一般在使用 MCMC 估计方法时使用。Birnbaum 在

① Drasgow F，Levine M V，Williams E A. Appropriateness measurement with polychotomous item response models and standardized indices[J]. British Journal of Mathematical and Statistical Psychology，1985，38(1)：67-86.

② Jia B，Zhang X，Zhu Z. A short note on aberrant responses bias in item response theory[J]. Frontiers in Psychology，2019，10：43.

③ 白胜南. 中学生概率概念学习进阶的构建问题研究[D]. 长春：东北师范大学，2021.

④ 详见涂冬波老师在认知诊断分析平台上的操作手册：http：www. psychometrics-studio. cn

⑤ 白胜南. 中学生概率概念学习进阶的构建问题研究[D]. 长春：东北师范大学，2021.

⑥ Lord F. A theory of test scores[J]. Psychometric monographs，1952.

1968 年提出了二参数逻辑斯蒂克（2PL）模型[①]，模型的数学表达式为：

$$P_i(\theta)=\frac{\exp(Da_i(\theta-b_i))}{1+\exp(Da_i(\theta-b_i))}$$

其中，θ 是潜在特质，参数 a_i、b_i 分别为第 i 个项目上的区分度参数和难度参数，D 为常数。这两个模型既是最常用二级项目模型，同时也是多级评分模型、高阶项目反应理论模型的基础。

本研究中所有题目均为统计题目，且已经通过了专家论证，因此可以认为本研究中的试题符合 2PL 模型使用的前提要求。使用 STATA 软件，对初测试题的作答反应利用 2PL 模型进行分析，可以获得题目的区分度见表 3.24。

表 3.24　23 个题目的项目反应理论区分度

题目编号	区分度	题目编号	区分度
1	1.282719	13	0.5043068
2	0.4446398	14	1.175689
3	1.0014	15	1.086476
4	1.109368	16	0.8766068
5	0.8729457	17	1.160523
6	1.677553	18	1.207793
7	0.8297847	19	1.15624
8	1.621445	20	1.3244
9	1.203552	21	1.594441
10	1.20867	22	1.315653
11	0.9886905	23	1.41663
12	0.7666741		

在项目反应理论中，项目的区分度取值应为正值。当区分度为正值时代表被试能力越高，做对题目的可能性越大；当区分度为负值时，说明被试能力越高作对题目的可能性越低[②]。从表 3.24 可以看出，23 个题目的区分度均为正值，符合项目反应的要求。说明题目的区分度合理。

① Birnbaum A. Some latent trait models and their use in inferring an examinee's ability[J]. Statistical theories of mental test scores, 1968:1-6.

② Lord F. A theory of test scores[J]. Psychometric monographs, 1952:1-6.

在认知诊断中，通过项目区分度来衡量认知属性分析的准确性和测试项目的质量[①]。对于每个题目的区分度，一般使用“掌握所有属性的正确作答概率”和“未掌握任何属性的正确作答概率”的差作为区分度的统计描述。具体的数学表达式如下[②]：

$$d_j = P_j(1) - P_j(0)$$

其中，$P_j(1)$ 是指掌握项目 j 所需要的所有知识后答对该题的概率；$P_j(0)$ 是指没有掌握项目 j 的任何知识而答对该题的概率。d_j 越小，说明是否掌握知识对做对这一道题的影响越小，即区分度越小。反之，区分度越大。使用认知诊断平台，获得基于认知诊断的区分度见表 3.25。

表 3.25　23 个题目的认知诊断模型区分度

题目编号	区分度	题目编号	区分度
1	0.9998	13	0.9436
2	0.7779	14	0.5416
3	0.6881	15	0.9998
4	0.9997	16	0.6084
5	0.4901	17	0.8077
6	0.5522	18	0.9012
7	0.7439	19	0.9998
8	0.9852	20	0.9998
9	0.8349	21	0.9998
10	0.9998	22	0.5871
11	0.9998	23	0.9994
12	0.9965		

① 汪文义，宋丽红，丁树良．分类视角下认知诊断测验项目区分度指标及应用[J]．心理学，2018，41(02)：475-483.

② 详见涂冬波老师在认知诊断分析平台上的操作手册：http：www．psychometrics-studio．cn

认知诊断下的区分度取值在 -1 到 1 之间。一般来讲，题目区分度越大，说明题目质量越好，若是题目区分度达到 0.4，则被视为质量较高[①②]。从表 3.25 可以看出，所有题目的区分度均高于 0.4，且近一半题目区分度达到 0.9 以上，说明试题的区分效果很好。

2. 项目难度

项目难度是考查试题质量的重要指标之一。一般而言，试题难度全都过高或过低都不合适，最好是各个难度均有分布。但是在认知诊断中尚没有项目难度的评价方法。因此，在认知诊断中，项目难度指标一般使用项目反应理论中的难度指标进行描述。继续上一步中使用 2PL 模型的分析，可以获得 23 个题目的项目难度见表 3.26。

表 3.26 23 个题目的难度参数

题目编号	难 度	题目编号	难 度
1	−0.8953063	13	0.2050562
2	0.038418	14	−0.6212682
3	−0.18527	15	−1.411586
4	−0.2278083	16	−0.9902237
5	−2.464822	17	−0.2343863
6	−1.608823	18	−0.898806
7	−1.188277	19	−0.4144291
8	−1.449524	20	−0.3049507
9	−1.340085	21	−1.022502
10	−1.365703	22	0.5866993
11	−1.631594	23	−0.8018601
12	−0.0282737		

① 白胜南. 中学生概率概念学习进阶的构建问题研究[D]. 长春:东北师范大学,2021.

② 详见涂冬波老师在认知诊断分析平台上的操作手册：http：www. psychometrics-studio. cn

在项目反应理论中，项目难度取值范围和被试能力取值范围相同。根据项目反应理论的基本假设，被试能力服从标准正态分布，其取值范围一般是 -4 至 +4，因此难度指标也为 -4 至 +4 之间。从表 3.26 可以看出，除第 5 题外，所有题目的难度均在 -2 至 +2 之间，即在 2 个标准差范围内，说明题目难度相对适中。20 个题目的难度为负值，3 个题目难度为正值，说明题目整体偏易。符合小学测量的常规要求，也符合之前的设计构想。

（五）测试信度和效度

任何一个测试都需要考虑测试的信度和效度。信度主要回答测量结果的一致性、稳定性和可靠性问题；效度主要回答测量结果的有效性和正确性问题。

1. 信度

在认知诊断的研究中，测试信度的检验一般采用两种方式：第一种是基于经典测量理论下的克隆巴赫（alpha）系数；第二种是计算属性（知识点）的重测一致性，即 Templin 信度[①]。

克隆巴赫系数是社会学、教育学研究中最常用的内部一致性指标。一般认为克隆巴赫信度系数如果在 0.8 以上，表示该测验的信度非常好；信度系数在 0.7 到 0.8 之间被认为测验可以接受；如果在 0.6 到 0.7 之间，说明该量表应进行修订，但仍不失其价值；如果低于 0.6，量表就需要重新设计题项。初测数据的克隆巴赫系数为 0.868。说明测试信度良好。

基于认知诊断的 Templin 信度在假设被试所掌握的知识概率不变的情况下，通过计算相同被试在先后两次测量中知识掌握概率的相关性检测测试的信度。和经典测量理论不同的是，Templin 信度还考查了知识划分的可信性。依据认知诊断平台，计算 11 个知识的 Templin 信度见表 3.27。

表 3.27　11 个知识的信度

知　识	信　度	知　识	信　度
A01	0.9996	A32	0.9981

① Templin，J，and Bradshaw，L. Measuring the reliability of diagnostic classification model examinee estimates[J]. Journal of Classification，2013，30(2)：251-275.

续表

知　识	信　度	知　识	信　度
A11	0.9999	A33	0.9999
A21	0.9964	A34	0.9999
A21	0.9974	A41	0.9998
A23	0.9966	A42	0.9985
A31	0.9999	Mean	0.9987

从表 3.27 可以看出，11 个属性（知识）的 Templin 信度均超过 0.9，平均 Templin 信度达到 0.99 以上，说明试卷信度很高，也从侧面说明了属性（知识）划分合理。

2. **效度**

认知诊断中最常见的效度检验方法是 HCI 指标（hierarchy consistency index）。由于认知诊断中每个题目考查多个属性，因此不能使用基于因子分析法的传统效度检验方式。一般认为，模型拟合、层级关系合理性可以作为效度的量化检验①。常用的层级关系指标为 HCI 指标，HCI 是指在所建立的属性间层级关系下，学生实际项目反应模式与期望反应模式之间的匹配程度。HCI 的计算公式②为：

$$HCI_i = 1 - \frac{2\sum_{j=1}^{J}\sum_{g\in S_j} X_{i_j}(1 - X_{i_g})}{N_c}$$

其中，j 是题目总数，X_{i_j} 是第 i 个人在第 j 个题目上的作答结果，使用 1 或 0 来记录作对或做错。S_j 是只包含了题目 j 的属性的题目集合，N_c 是考生 i 在所有做对项目中每个项目所有子项目的个数，称为所有答对项目的比较数。显然，如果考生能够做对第 j 个题目，那么他也应该做对 S_j 中的题目。HCI 用于度量

① 康春花，辛涛，田伟. 小学数学应用题认知诊断测验编制及效度验证[J]. 考试研究，2013(06)：24-43.

② Wang C，Gierl M J. Investigating the cognitive attributes underlying student performance on the SAT® critical reading subtest：An application of the Attribute Hierarchy Method[C]//annual meeting of the National Council on Measurement in Education. 2007.

每个被试的观察反应与期望反应接近的程度。从公式可以看出，HCI 需要对每个考生进行计算。换言之，每个考生都有一个 HCI 指标。因此，实际操作中使用 HCI 的平均值作为衡量标准。一般认为 HCI 大于 0.3 认为层级关系合理①。

表 3.29　部分学生的 HCI 指标

编　码	HCI	编　码	HCI
ID1	0.6842	ID9	0.7143
ID2	0.2778	ID10	0.3778
ID3	0.5	ID11	0.65
ID4	1	ID12	0.9216
ID5	1	ID13	0.3793
ID6	0.9487	ID14	0.2941
ID7	0.4074	ID15	0.8889
ID8	0.5484	ID16	0.5263
…	…	…	…

通过认知诊断平台分析，显示初测学生的 HCI 均值为 0.47，大于 0.3。初测结果通过了模型拟合和层级关系，说明效度合理。

（六）问卷质量的综合论述

本研究使用的小学统计知识测试题目经过了一系列的编制程序，首先根据上一章的知识结构初步构建了 ***A*** 矩阵，然后根据 ***A*** 矩阵获得了 ***Q*** 矩阵，根据专家讨论获得了测验 ***Q*** 矩阵，然后以国际考试题目、以国际教科书和属性（知识）水平为依据进行了统计知识测试题目编制，在编制题目后再次组织专家对测试 ***Q*** 矩阵进行审核。审核通过后进行了初测，初测共获得 596 份数据，符合数量要求。初测数据通过了模型选择、绝对拟合、项目拟合、项目区分度、项目难度、

① Wang C，Gierl M J. Investigating the cognitive attributes underlying student performance on the SAT® critical reading subtest：An application of the Attribute Hierarchy Method[C]//annual meeting of the National Council on Measurement in Education. 2007.

被试拟合、测试信度和效度等所有测量指标，说明试卷的质量达到数学教育领域的研究要求。在下一章将在全国范围内进行抽样，进行正式测试，从而获得全国范围内的代表性数据，进而使用认知诊断方法估计学生在各个维度上的掌握概率，根据掌握概率推断学习进阶路线，并对我国小学统计知识现状进行样态素描。

五、本章小结

首先，本章构建了测试的知识点。具体为 A01 分类、A11 随机性、A21 简单统计表、A22 复式统计表、A23 象形统计表、A31 柱形图或条形图、A32 折线统计图、A33 扇形统计图、A34 频数分布直方图、A41 平均数、A42 百分率。

其次，进行了题目的命制。初次编制共计 32 个题目，并选取了 7 位一线专家，3 位高校统计方向的专家对题目进行了审核。随后根据专家意见对题目进行了修订，并删除了部分题目以减少题量，最终获得了 23 个题目，其中选择题 16 个，填空题 5 个、作图题 2 个。

第三，进行了预测试，判断题目的质量。本轮研究并没有选择全国抽样，而是根据方便性原则和目的性原则选择了 J 省 J 市作为试点。为保证试卷涵盖面广，包含不同水平的数据，共抽取不同区域的 4 所小学，其中重点小学 1 所，普通小学 1 所，农村小学 2 所。4 所学校分别各抽取 5 个班级、5 个班级、3 个班级和 2 个班级，共计样本 583 人，发放试卷 583 份，有效回收试卷 569 份。有效数据数量超过了试题数量的 20 倍。

通过相对拟合研究确定 ACDM 模型更加适合本研究。通过 R-studio 中的 CDM packag 获得相对拟合的指标 SRMSR，经过计算初测的 SRMSR 指标小于 0.1，达到拟合标准。经过计算发现，23 个题目的 RMSEA 均小于 0.01，说明 23 个题目拟合度符合要求。经过计算 569 名被试中只有 9 人的 *lz* 指标小于 −2，超过 −2 的占比 98.4%，说明被试拟合很好。

测试结果表明，基于项目反应理论的题目区分度均大于 0，满足标准。基于认知诊断模型的区分度均高于 0.4，且近一半题目区分度达到 0.9 以上，说明试题的区分效果很好。所有题目的难度均在 −2 至 +2 之间，即在 2 个标准差范围内，说明题目难度相对适中。

初测数据的克隆巴赫系数为 0.868。在认知诊断模型理论下 11 个属性的

Templin 信度均超过 0.9，平均 Templin 信度达到 0.99 以上，说明试卷信度很高，也从侧面说明了知识划分合理。

通过计算 HCI 平均指标，发现 HCI 平均指标大于 0.3，说明问卷的层级关系符合要求，同时也说明符合结构效度要求。

第四章
小学生统计知识的学习进阶研究

在上一章中，已经构建了小学统计知识学习进阶路线正式测试的题目。所有题目已经通过了绝对拟合和相对拟合，并且通过预测试体现出了良好的题目指标，已经完成属性（知识）、属性（知识）间层级关系的合理性以及认知诊断测验质量的检验。

对统计知识的假设性学习进阶修订，既要考虑理论实际，也要依据学生的现实情况，综合这两个角度构建的学习进阶是科学合理的。从理论上来看，学习进阶路线是用来描述学生学习过程的知识路线。其构建应遵循知识规律和认知规律。知识规律是指如果一个知识需要另一个知识作为基础，那么可以根据它们之间内部逻辑关系确定学习顺序。认知规律是指一般学习中认为学生要先学习简单的知识，后学习复杂的知识。通常认为，难度较高的知识一般会后学习，而简单的知识先学习。如果现实中学生的作答数据反映出某个知识点比较简单，可以认为更加有利于先学习；而如果学生在某个属性（知识）上的作答概率较低说明知识点难度较大，可能需要后学习。本章将依据学生的真实作答状态，使用认知诊断理论对学生的正式测试结果进行数据分析，通过数据分析结果对小学生统计知识学习进阶路线进行修订。

一、测试对象

合理的样本选取是量化研究的关键步骤。但是在博士论文的研究对象选取中，研究者普遍由于财力和资源的限制，无法在全国范围内进行抽样测试。一般以目的性抽样和方便性抽样为主要研究方法[①]。本研究主要从地理位置出发，依据方便性和目的性原则进行分层抽样。具体抽样信息见表 4.1。

表 4.1　各省市样本数量

省　市	学生人数	省　市	学生人数
广东	304	陕西	237
江苏	221	重庆	110
海南	192	辽宁	171
四川	164	山西	129
福建	140	黑龙江	166
河北	160	吉林	278

根据方便性原则，在每个省市抽取重点、普通学校至少各 1 所，每所学校抽取至少 2 个班级，总计抽取 2671 名学生，有效回收 2272 份试卷，具体抽取数据见表 4.2。

选择以上 12 个样本不仅考虑到地区因素，还考虑到经济数据因素。该样本包括经济数据排序后处于前 25%，25% 到 50%，50% 到 75%，以及后 25% 的省市，囊括了我国 31 个省份按照经济情况进行四分位数分区下的所有分区，具有一定的代表性。可以作为本次研究的样本，用于分析我国小学生统计知识的学习进阶路线。

二、工具及软件

本章研究使用了上一章构建的《小学数学统计知识测试卷》。全套题目共计 23 个试题，包括选择、填空、作图三种题型。试题和上一章构建的测试卷内容相同。在上一章中对初测数据进行了分析，题目质量已经得到了确认。

本章的数据分析使用了 Rstudio 1.4.1103 版本，具体应用的软件包为 GDINA package 和 CDM package，以及涂冬波老师的认知诊断分析平台（flexCDMs）。

---

① 白胜南. 中学生概率概念学习进阶的构建问题研究[D]. 长春:东北师范大学,2021.

三、统计指标分析

从量化研究的角度来看，初测中已经确认了题目质量后，在正式测试中不需要再报告所有的数据。但从研究的严谨性来看，仍有部分数据需要报告。首先仍需要汇报模型选择结果，见表 4.2。

表 4.2 正式测试模型选择结果

	AIC	BIC
DINA	56326.09	56973.41
DINO	56695.88	57343.19
ACDM	55410.74	56396.03
GDINA	54933.60	57540.03

首先，表 4.2 显示 GDINA 模型的 AIC 最小，但 ACDM 的 BIC 最小。考虑到 BIC 增加了参数惩罚，并且在初测中 ACDM 模型已经被选择为分析模型，因此正式测试中根据 BIC 最小原则选择 ACDM 模型进行数据分析。

其次，绝对拟合的指标 SRMSR 需要汇报。这是因为绝对拟合指标仍然是数据和模型匹配的重要依据。即使题目质量再高，被试作答的反应和选择模型不匹配也无法保证研究结果的科学性。在正式测试中，测试对象发生了改变，因此绝对拟合指标需要汇报。项目拟合指标 RMSEA 也需要汇报，理由和绝对拟合相同。当被试数据改变后，选择模型下被试的反应在每个题目上的效果需要得到确认。

通过 R-studio 分析，正式测试的 SRMSR 值为 0.029，小于 0.08，说明数据拟合质量非常高。RMSEA 结果见表 4.3。

表 4.3　正式测试的 RMSEA 结果

题目编号	RMSEA	题目编号	RMSEA
1	0.022	13	0.020
2	0.012	14	0.026
3	0.021	15	0.017
4	0.023	16	0.025
5	0.019	17	0.029
6	0.025	18	0.021
7	0.021	19	0.014
8	0.024	20	0.018
9	0.019	21	0.024
10	0.024	22	0.017
11	0.035	23	0.028
12	0.032		

表 4.3 显示，23 个题目的 RMSEA 均小于 0.1，说明项目拟合程度很高。综上，正式测试的数据和模型匹配度非常高，说明基于 ACDM 模型的数据分析具有科学性。

综上，正式测试的数据指标均达到理想程度，可以通过认知诊断分析获得学生在各个知识维度上的掌握概率。

四、学习进阶研究

（一）基于知识掌握概率的数据分析

基于 ACDM 模型，对 2272 名学生的反应数据使用 R-studio 中的 GDINA package 和 CDM package 软件包，运用“personparm”命令可以获得学生的边际概率（marginal probability，MP）。边际概率可以认为是学生掌握对应知识的概率，是学生掌握对应属性（知识点）可能性大小的描述。2272 名学生掌握概率的描述统计见表 4.4。

表 4.4　11 个知识掌握概率的描述统计

	个案数	最小值	最大值	平均值	标准差
A01	2272	0.00	1.00	0.6713	0.42718
A11	2272	0.00	1.00	0.7434	0.40129
A21	2272	0.00	1.00	0.6490	0.42900
A2	2272	0.00	1.00	0.6065	0.48358
A23	2272	0.00	1.00	0.6629	0.42782
A31	2272	0.00	1.00	0.7071	0.45276
A32	2272	0.00	1.00	0.6919	0.45188
A33	2272	0.00	1.00	0.4881	0.49842
A34	2272	0.00	1.00	0.5532	0.46328
A41	2272	0.00	1.00	0.7091	0.45420
A42	2272	0.00	1.00	0.5141	0.49984
有效个案数（成列）	2272				

表 4.4 显示，我国小学六年级学生在 11 个统计知识属性上的平均掌握概率的最大值为 A11 随机性，平均掌握概率的最小值为 A33 扇形统计图。经计算所有知识的整体平均掌握概率值为 0.64。11 个知识的平均掌握概率图见图 4.1。:

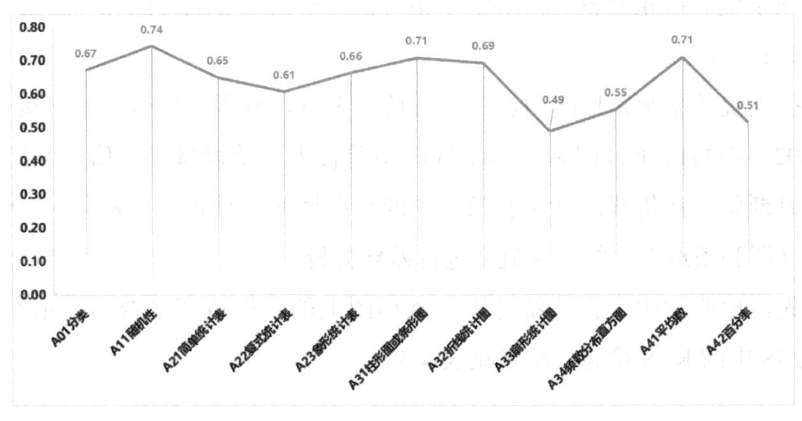

图 4.1　11 个知识上掌握概率折线统计图

从图 4.1 中可以看出，掌握概率从大到小分别是 A11 随机性、A41 平均数、A31 柱形图或条形图、A32 折线统计图、A01 分类、A23 象形统计表、A21 简单统计表、A22 复式统计表、A34 频数分布直方图、A42 百分率、A33 扇形统计图。下面具体分析不同的知识点。

统计表是统计中数据整理最常见的方式，统计表包括三个知识点，分别是象形统计表、简单统计表和复式统计表。在上文中通过知识之间的内部逻辑关系分析可知，三个知识点的学习次序是先学习象形统计表，再学习简单统计表，最后学习复式统计表。并且在我国的教科书中，也采取了这样的学习次序。图 4.1 的数据显示，学生在象形统计表的平均掌握概率是 0.66，简单统计表的平均掌握概率是 0.65，复式统计表的平均掌握概率 0.61。说明对我国小学生而言，象形统计表最简单，简单统计表次之，复式统计表最难，和前文的知识层级关系分析的结果一致。说明在统计表的学习中，先学习象形统计表，再学习简单统计表，最后学习复式统计表是符合认知规律的。

在统计图的学习中，国内现行教科书中多数采取的学习次序是先学习柱形图（条形图），再学习折线统计图，然后学习扇形统计图，最后学习频数分布直方图。以人教版为例，小学数学教科书中把条形图设置在四年级上，折线统计图设置在五年级下，扇形统计图设置在六年级下，而频数分布直方图则设置在初中。图 4.1 的数据显示，学生在柱形图或条形图的平均掌握概率是 0.71，在折线统计图上的平均掌握概率是 0.69，在扇形统计图上的平均掌握概率是 0.49，在频数分布直方图上的平均掌握概率是 0.55。从数据中可以看出，折线统计图和条形图学生掌握相对较好，对学生相对较容易而扇形统计图和频数分布直方图的掌握较差。

从折线统计图和条形图两者的掌握情况来看，两者掌握概率非常接近，差值为 0.02，而折线统计图和扇形统计图相差较大，掌握概率差值为 0.2。因此有必要判断学生在折线统计图和条形图的掌握概率上是否存在差异。对学生在折线统计图和条形图上的掌握概率进行差异分析。

首先，检验学生在折线统计图和条形图上的掌握概率是否满足正态分布。使用 SPSS 中的 K–S 检验，结果见表 4.5。

表 4.5　(K-S 检验结果) 单样本柯尔莫戈洛夫 - 斯米诺夫检验结果

		A31	A32
个案数		2272	2272
正态参数[a, b]	平均值	0.7071	0.6919
	标准差	0.45276	0.45188
最极端差值	绝对	0.426	0.401
	正	0.259	0.248
	负	−0.426	−0.401
检验统计		0.426	0.401
渐近显著性（双尾）		0.000[c]	0.000[c]
a. 检验分布为正态分布			
b. 根据数据计算			
c. 里利氏显著性修正			

表 4.5 的结果显示，两组数据不服从正态分布，故采用配对样本非参数检验，检验结果显示显著性为 0.00，小于 0.05，说明学生在折线统计图和柱形图上存在显著差异。考虑到学生在柱形图或条形图的平均掌握概率是 0.71，在折线统计图上的平均掌握概率是 0.69，说明尽管学生在柱形图和折线统计图上的掌握概率差异不大，但是确实存在差异。

教科书把柱形图放在折线统计图之前主要有两点原因。一方面，柱形图在统计表学习之后，可以比较方便地把两者的知识链接起来。另一方面，折线统计图可以看作是把柱形图中长方形上边中点用直线连接得到的统计图，因此折线统计图放在柱形图之后具有合理性。

在扇形统计图和频数分布直方图上，学生在扇形统计图上的平均掌握概率是 0.49，在频数分布直方图上的平均掌握概率是 0.55，说明对学生而言，扇形统计图可能要难于频数分布直方图。考虑到我国小学生实际上只学习了扇形统计图，而没有学习频数分布直方图，那么测验结果显示小学生的认知水平可以接受频数分布直方图。从知识内容上来看，频数分布直方图和柱形图的最大区别有两点：第一，频数分布直方图的 X 轴上变量是连续型变量，而柱形图多为离散型变量；第二，频数分布直方图是以分组为展示对象，而柱形图以每个离散的变量为展示对象。因此，频数分布直方图以柱形图为基础，两者存在知识链接。而扇形统计图则与柱形图、折线统计图、频数分布直方图都没有直接的知识链接，而是更多依赖分数，特别是百分数作为前置知识。而研究表明，学生在百分率上的平均掌握概率为 0.51，这可能会给学习扇形统计图带来难度。

最后，讨论扇形统计图和百分数。学生在扇形统计图上的掌握概率是 0.49，在百分率上的掌握概率是 0.51。前文分析中认为学生学习扇形统计图的前提是学习百分数。数据显示学生在百分率上的掌握概率高于在扇形统计图上的掌握概率。可以认为学习百分数是学习扇形统计图的前提。

此外，学生在分类上的平均掌握概率为 0.67。在前面理论研究中，分类被认为是学习统计图和统计表的前提。但数据分析结果显示学生对分类的平均掌握概率要低于折线统计图、柱形图。在前文分析中，分类可以分为两个水平，给定标准分类和自选标准分类。在前文的分析中，本研究的测试为了统一难度没有出现自选标准分类的题目，难度适中。这说明分类确实可能是学生学习的一个薄弱环节。考虑到学生必须能够对事物进行简单的分类才能够进行统计图和统计表的学习，可以认为分类仍然是学习统计图和统计表的前提，但所需水平并不高。

对 11 个知识的平均掌握概率进行从大到小排列，得到 11 个知识的难度从易到难的统计图见图 4.2。

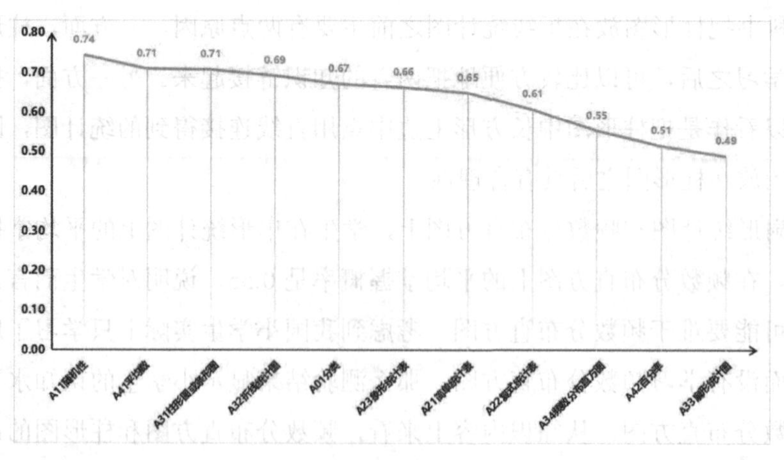

图 4.2　11 个知识掌握概率排序折线统计图

从图 4.2 可以看出，学生在 10 个知识上的平均掌握概率变化比较平缓，并没有过于剧烈的转折，但如果排除频数分布直方图，那么学生对扇形统计图的掌握概率骤降。考虑到扇形统计图在六年级学习，说明尽管学生在 11 个知识上的学习可以在小学一至六年级循序渐进地完成，但整体上看 11 个知识的掌握概率极差达到了 0.25，说明难度差异较大，不易短时间内完成。

最后图 4.2 显示一个关于统计知识的重要特征：除扇形统计图外，学生对统计图的掌握概率要高于对统计表的掌握概率。但目前来看，小学数学教科书中统计表的学习在统计图之前。因此，小学统计知识的次序存在调整空间。

（二）基于知识掌握状态的学习进阶

在前文中只考虑了学生的知识掌握概率，但学生真正先掌握哪些知识后掌握哪些知识需要依据知识状态来进行判断。基于学生的作答反应和上文中确定的 $\boldsymbol{Q}$ 矩阵，可以基于认知诊断模型分析出学生在每个知识上的掌握状态，在传统认知诊断中称为属性模式（attribute pattern）。和上文不同的是，知识掌握状态使用 0 和 1 来进行表示。其中掌握了对应的知识（属性）使用 1 标注，没有掌握对应的知识（属性）使用 0 来标注。认知诊断中考查的知识一般是多维的，就会产生一个由 0 和 1 构成的向量，这个向量即为学生的知识状态。知识状态是依据认知诊断模型给出的学生是否掌握对应知识的评价结果。

学习进阶假设学生需要先掌握简单的知识点，随后再掌握较难的知识点，学生在这一过程中体现出了从单一知识点到复杂知识群的学习过程。因此，依据学习进阶理论，学生学习知识或技能存在一种次序，体现为循序渐进的过程。从知识掌握状态来看，本书涉及 11 个知识点，因此学生的最终掌握状态为（1，1，1，1，1，1，1，1，1，1，1），但学生学习的起点一定是（0，0，0，0，0，0，0，0，0，0，0）。所以，依据认知诊断确定学习进阶过程，就是寻找学生从（0，0，0，0，0，0，0，0，0，0，0）到（1，1，1，1，1，1，1，1，1，1，1）的学习过程。这里需要借助知识掌握状态的内部逻辑关系。例如，假设学生掌握三个知识的知识掌握状态为（1，1，1，0，0，0，0，0，0，0，0），掌握两个知识的知识掌握状态为（1，0，1，0，0，0，0，0，0，0，0）。那么可以看出，学生掌握的三个知识点为第一个、第二个和第三个知识，而两个知识点下的知识掌握状态为第一个和第三个。根据逻辑推断，学生想要从两个知识的知识掌握状态过渡到三个知识的知识掌握状态，必须学习的知识是第二个知识。因此可以说，学习第二个知识的前提是学生掌握第一个和第三个知识点。以此类推，就可以根据学生不同知识点个数下的知识掌握状态获得学生的知识学习进阶路线，从而构建学习进阶路线。例如，已有研究发现[①]，罗马尼亚的知识学习进阶路线可以总结为（0，0，0，0）→（0，0，1，0）→（0，1，1，0）→（0，1，1，1）→（1，1，1），见图 4.3。

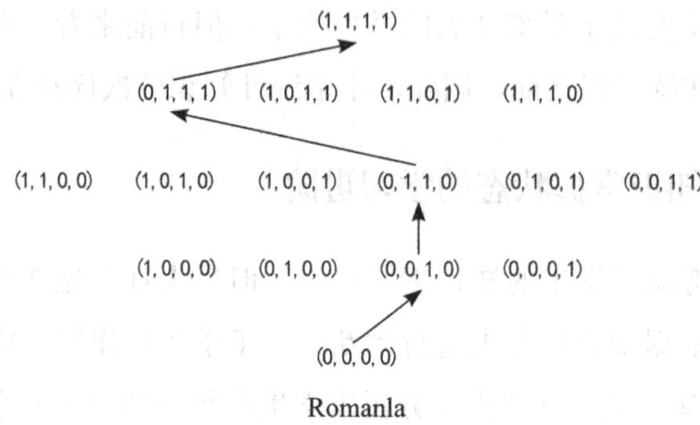

图 4.3　学习进阶路线示例

但是，在实际操作中同一知识点下的知识掌握模式不止有一种。例如，在掌握 3 个知识点的知识掌握模式中，可能即存在（1，1，1，0，0，0，0，0，0，0），也存在（1，1，0，1，0，0，0，0，0，0），同时还存在（1，0，1，0，0，0，0，0，0，0，1）。这一方面是因为学生学习和掌握知识的次序可能存在差异，另一方面是由于个别学生学习在测试中由于各种原因会出现异常反应（aberrant response）。可以认为在相同知识数量下，出现频数最多的知识掌握状态即为学

① Jia B, Zhu Z, Gao H. International Comparative Study of Statistics Learning Trajectories Based on PISA Data on Cognitive Diagnostic Models[J]. Frontiers in Psychology, 2021, 12.

生的主要知识掌握状态[①②]。除了主要的知识掌握状态外，如果其他知识掌握状态和主要知识掌握状态在同一个数量级，可以认为是次要的知识掌握状态，如果相差过于悬殊，则可以认为是异常行为导致的知识掌握状态或某种个体学习规律。所有由知识掌握状态构成的知识掌握路线中，包含主要知识掌握状态最多的路线称为主要掌握路线，其余由次要知识掌握状态构成的学习进阶路线为次要掌握路线[③④]。次要掌握路线是除主要掌握路线之外的学习进阶路线，在知识点层级关系不明显的学习中普遍存在[⑤⑥]。

例如，在已有研究中发现，保加利亚、哥斯达黎加和秘鲁在知识学习中存在相同的主要掌握路线和次要掌握路线，见图 4.4。最后，还有部分学生可能存在“跃迁”式学习，即一次掌握了多个知识点。这种行为在已有研究中不单独刻画[⑦]。这是因为“跃迁”式学习需要对个体进行纵向的追踪研究。而本书的研究基于的研究范式是横向量化研究，无法对此类行为进行刻画。因此，在后

---

① Wu X, Wu R, Chang H H, et al. International comparative study on PISA mathematics achievement test based on cognitive diagnostic models[J]. Frontiers in psychology, 2020, 11: 2230.

② Jia B, Zhu Z, Gao H. International Comparative Study of Statistics Learning Trajectories Based on PISA Data on Cognitive Diagnostic Models[J]. Frontiers in Psychology, 2021, 12.

③ Wu X, Wu R, Chang H H, et al. International comparative study on PISA mathematics achievement test based on cognitive diagnostic models[J]. Frontiers in psychology, 2020, 11: 2230.

④ Wu X, Zhang Y, Wu R, et al. Cognitive model construction and assessment of data analysis ability based on CDA[J]. Frontiers in Psychology, 2022, 13: 1009142..

⑤ Jia B, Zhu Z, Gao H. International Comparative Study of Statistics Learning Trajectories Based on PISA Data on Cognitive Diagnostic Models[J]. Frontiers in Psychology, 2021, 12.

⑥ Wu X, Wu R, Chang H H, et al. International comparative study on PISA mathematics achievement test based on cognitive diagnostic models[J]. Frontiers in psychology, 2020, 11: 2230.

⑦ 武小鹏. 八年级学生数学成就的认知诊断测评研究——基于中国四省（市）的 TIMSS 数据的分析[D]. 上海:华东师范大学,2020.

续研究中只进行知识点学习的逐层刻画。

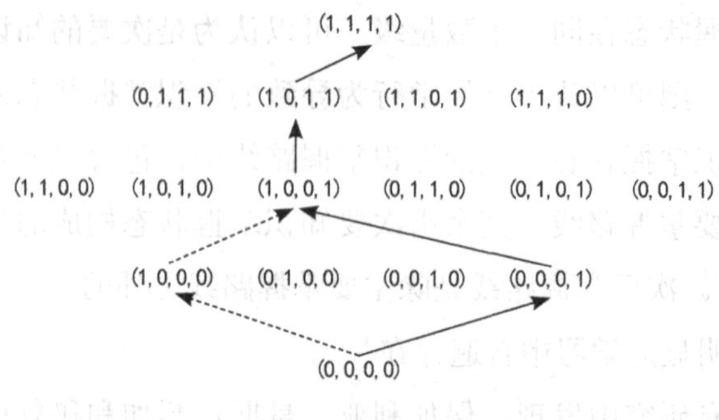

图 4.4 保加利亚、哥斯达黎加和秘鲁的学习进阶路线 ①

基于 ACDM 模型，对 2272 名学生的反应数据使用 R-studio 中的 GDINA package 和 CDM package 软件包，运用“personparm”命令可以获得学生的期望后验（expected a posteriori，EAP）。EAP 反映的是学生的知识掌握状态，是学生掌握了哪些知识和没有掌握哪些知识的向量描述。本研究总计涉及 11 个知识点，因此总计可以产生 2^{11}=2048 种知识掌握状态，由于数量过大，不一一列举。仅列举知识掌握状态频数出现最多和最少的 2 个模式，见表 4.6。

表 4.7 频率出现最高和最低的 4 种知识掌握状态

A01	A11	A21	A21	A23	A31	A32	A33	A34	A41	A42	频 数
1	1	1	1	1	1	1	1	1	1	1	218
1	1	1	1	1	1	1	0	1	1	1	99
1	0	1	1	1	1	1	1	1	1	1	0
1	1	0	0	0	0	0	0	0	0	1	0

从表 4.6 可以看出，知识掌握状态出现频数最多的是（1，1，1，1，1，1，1，1，1，1，1），即学生掌握了全部的 11 个知识属性，频数为 218，占比为 9.6%。说明掌握所有知识点的学生占比不足 10%。同时确定了学习进阶路线的重点。频数

① Jia B，Zhu Z，Gao H. International Comparative Study of Statistics Learning Trajectories Based on PISA Data on Cognitive Diagnostic Models[J]. Frontiers in Psychology，2021，12.

在第二位的是（1，1，1，1，1，1，1，0，1，1，1），频数为 99，说明这些学生没有掌握的知识点为扇形统计图。由于此知识掌握模式频数排在第二位，因此可以认为这是学生的主要知识掌握状态。由第一和第二两个知识状态可以构建出一个知识学习的主路线为（1，1，1，1，1，1，1，0，1，1，1）→（1，1，1，1，1，1，1，1，1，1，1）。知识掌握模式（1，0，1，1，1，1，1，1，1，1，1）不存在，说明掌握了所有知识属性，而没有掌握随机的学生也不存在。这也从侧面印证了随机是学习统计的一个重要前提。模式（1，1，0，0，0，0，0，0，0，1）也不存在，这说明掌握了分类、随机、百分率，但是没有掌握任何一种统计图表和平均数的学生也不存在。这个结果也从侧面印证了分类、统计可能确实是学习统计知识的前提。

基于以上内容，对本次研究中的 2272 名学生的知识掌握状态进行归纳，根据不同知识掌握状态的数量和内部逻辑关系构建学习进阶路线，见图 4.5。

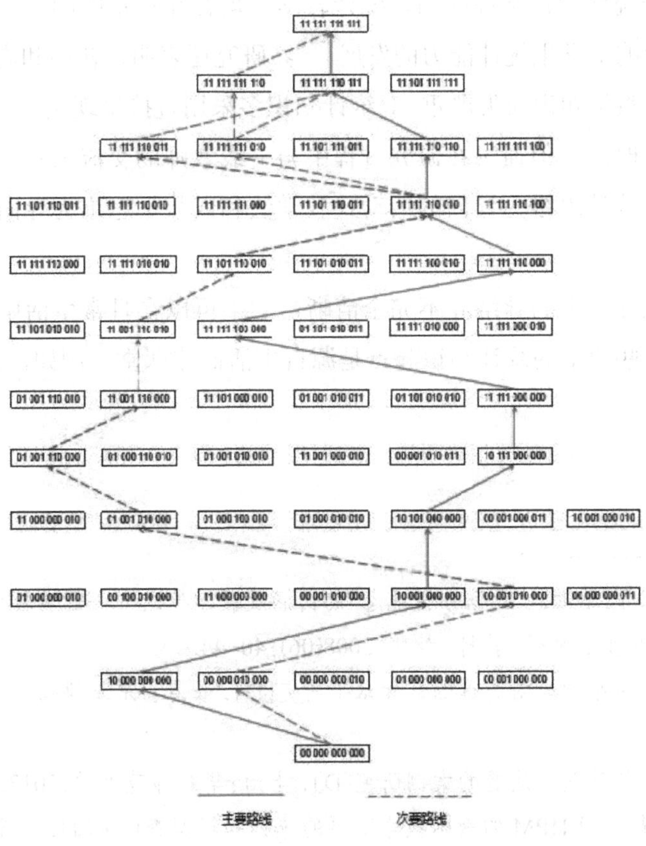

图 4.5 小学数学统计知识的学习进阶路线

其中实线是主要学习进阶路线，虚线是次要学习进阶路线。全图共计 12 层，从最底层的（0，0，0，0，0，0，0，0，0）开始，学生通过不同的路线逐步掌握 11 个不同的知识点。从图 4.5 中可以看出小学数学统计知识的学习进阶路线存在以下特点：

第一，小学数学统计知识的学习进阶路线不是一个简单的线性结构。从数学知识的结构上来看，数学知识一般都存在比较明显的上下级知识关系，因此数学知识的学习进阶路线一般相对比较固定。如武小鹏教授在基于 TIMSS 试题进行的数学知识学习进阶研究中只发现了一条主路线。但本研究中构建的小学统计知识学习进阶路线则体现出了更加复杂的情况。这可能与统计知识的特征，以及小学统计知识的教学方法多样化有关。

研究表明，一线数学教师仍用数学研究方法研究统计问题，没能看清统计和数学的区别与联系，对很多内容理解不深刻[①]；不管是有经验的教师，还是年轻教师，由于统计知识掌握薄弱，统计教学中均存在一定的问题，这些问题在一定程度上影响了学生统计能力的发展[②③]。研究还表明，初中和高中数学教师的统计学学科教学知识缺失严重，对统计知识多采用直接呈现法[④]。以上研究尽管已经有一段时间，但通过在研究过程中与一线教师的交流来看，教师的教学方法仍然是以统计思维为导向的活动式教学法和以数学思维为导向的直接教学法同时存在。

此外，统计知识的脉络并不完全清晰，学生可以在日常生活中获得统计经验。这导致有些学生的统计知识起点是源自生活而非课堂。例如，有研究表明，

---

① 史宁中，张丹，赵迪．“数据分析观念”的内涵及教学建议——数学教育热点问题系列访谈之五[J]．课程．教材．教法，2008(06)：40-44.

② 巴桑卓玛．中小学生对统计的认知水平研究[D]．长春：东北师范大学博士学位论文，2006.

③ 赵锐．高中统计教学质量的案例研究[D]．上海：华东师范大学，2013.

④ 吴骏，赵锐．基于HPM的教师教学需要的统计知识调查研究[J]．数学通报，2014，53(05)：15-18+23.

一些学生对统计知识的理解是基于“约定”或“习惯”的（convention-based）[①②③]，此类学生的学习进阶路线也可能会与教材知识次序不同。

第二，从图 4.5 可以看出，小学数学统计知识大致可以分为两条路线，其中一条是主路掌握路线，一条是次要掌握路线。其中，主要掌握路线的知识点学习次序是分类→象形统计表→简单统计表→复式统计表→随机性→柱形图→折线统计图→平均数→频数分布直方图→百分率→扇形统计图。主要路线与和我国人教版小学数学教科书的课程设置顺序大致相同，但有细微差异。如折线统计图和平均数与人教版教科书课程设置顺序不同。

次要线路的知识点学习次序是折线统计图→象形统计表→随机性→柱形图或条形图→分类→平均数→简单统计表→复式统计表，随后显示出一定的复杂性，既可以是百分率→频数分布直方图→扇形统计图，也可以是扇形统计图→百分率→频数分布直方图，或者扇形统计图→频数分布直方图→百分率。选择这条路线的学生体现出先认识图形，然后在统计图中领悟随机性，最后学习复杂的统计图和统计量的特征。

第三，小学数学统计知识的学习有一些关键节点。第一个关键节点是第九层的（1，1，1，1，1，1，1，0，0，1，0），次要掌握路线从这里开始出现复杂化，但之前的路线保持线性化。第二个关键节点是第十一层的（1，1，1，1，1，1，1，0，1，1，1），主路线和一条副路线在此汇聚，说明对学生而言，扇形统计图可能是最难掌握的图形，主副两种学习进阶路线，最终都以掌握扇形统计图结束。扇形统计图是众多统计图形之一，多个国家都把扇形统计图纳入了小学数学课程中。但有研究表明，扇形统计图难度较大[④]，原因之一扇形统计图的数

---

① Diezmann C M，Lowrie T. The role of fluency in a mathematics item with an embedded graphic：Interpreting a pie chart[J]. ZDM，2009，41：651-662.

② Kurnia A B，Lowrie T，Patahuddin S M. The development of high school students' statistical literacy across grade level[J]. Mathematics Education Research Journal，2023：1-29.

③ Lowrie T，Diezmann C M. Solving graphics problems：Student performance in junior grades[J]. The Journal of Educational Research，2007，100(6)：369-378.

④ Siirtola H. The cost of pie charts[C]//2019 23rd International Conference Information Visualisation (IV). IEEE，2019：151-156.

据可以从角度、弧长、面积等多个角度读取，而众所周知，线比角度更容易估计，而面积的估计更难①，很多统计专家都不建议使用扇形统计图②。从学习进阶的规律来看，关注关键节点有助于改进教与学。

第四，数据分析得出的学习进阶路线验证了前文分析的知识层级。和前文分析的知识层级相比，正式的学习进阶路线并没有改变基本的知识点学习次序。首先，主要掌握路线和已有的教科书知识脉络基本一致。其中分类和统计图、统计表之间的关系与前文假设层级一致，在学习统计图和统计表之前。其次，统计表的学习进阶路线是象形统计表→简单统计表→复式统计表。最后，扇形统计图在百分率之后。这些都和前文分析一致。此外，随机性在学生理解了统计表后获得掌握，介于统计表和统计图之间。说明随机性是在学习过程中逐步获得，而非早期学习获得。但是，数据分析出的学习进阶路线体现出小学统计知识学习存在次要路线，部分学生可能从统计图表入手，这其中又蕴藏着诸多变化，显示出从统计图开始学习统计知识，进而获得随机性的掌握也是一种可行方案。因此，小学统计知识学习进阶路线需要在分析层级关系后再通过数据进行填补，增加次要路线和内部逻辑关系，最终结果如图 4.5 所示。

（三）知识点的水平划分

在获得学习进阶路线后，还要进一步划分路线中各知识点的水平，首先使用项目反应理论和学生的作答反应，推断学生所具有的能力值。

1. 依据能力的水平划分

本部分研究使用了 STATA 14.0 软件，使用其中的项目反应理论模块，借助 2PL 模型获得了学生的能力值。能力值的描述统计见表 4.7。

表 4.7　学生能力值描述统计

	个案数	极　差	最小值	最大值	平均值	标准差	方　差
能力	2272	4.74	−2.91	1.84	0.0000	0.90	0.81

① Cleveland W S . Research in statistical graphics[J]. Journal of the American Statistical Association, 1987, 82(398): 419-423.

② Few S, Edge P. Save the pies for dessert[J]. Visual business intelligence newsletter, 2007: 1-14.

从表 4.7 可以看出，学生的能力值为 −2.91 到 1.84，均值为 0，极差为 4.74。在项目反应理论中，被试的能力服从标准正态分布。依据标准正态分布的方差，可以将其划分为划分 8 个区间[①]。在实际研究中发现，学生能力大于 1 的学生大致为前 10% 的学生，且作答准确率很高。因此，合并了大于 1 个方差的 3 个区间，划分的水平具体见表 4.8。

表 4.8　水平划分与能力对应表

水　平	能力值（θ）取值范围
水平一	$\theta < -3$
水平二	$-3 \leqslant \theta < -2$
水平三	$-2 \leqslant \theta < -1$
水平四	$-1 \leqslant \theta < 0$
水平五	$0 \leqslant \theta < 1$
水平六	$1 \leqslant \theta$

接下来根据每个水平学生的平均掌握知识点个数刻画对应的水平特征。

2. 不同水平学生掌握知识点数量

本部分依据刚刚划分的水平，把每个水平下所有学生掌握概率取平均值，然后乘以知识点数量，获得每个水平下学生掌握的知识点数量。

水平一的学生处于学习进阶的起点，其能力值小于 −3。其正确反应概率接近于 0，学生掌握知识点数量为 0。

对水平二的学生掌握的属性个数取平均值，得到水平二的学生平均掌握概率为 0.121，平均掌握的属性个数为 1.2 个。四舍五入后，可以认为学生掌握 1 个知识点。

对水平三的学生掌握的属性个数取平均值，得到水平三的学生平均掌握的概率为 0.242，平均掌握 2.6 个属性。根据上一水平结果，可以认为学生掌握 2 ～ 3 个知识点。

对水平四的学生掌握的属性个数取平均值，得到水平四的学生平均掌握的概率为 0.523，平均掌握 5.7 个属性。根据上一水平结果，可以认为学生掌握 4 ～ 6

① 左右 3 个方差，以及小于或大于 3 个方差，共计左右 4 个区间。

个知识点。

对水平五的学生掌握的属性个数取平均值，得到水平四的学生平均掌握的概率为0.770，平均掌握8.5个属性。根据上一水平结果，可以认为学生掌握7～9个知识点。

对水平六的学生掌握的属性个数取平均值，得到水平六的学生平均掌握的概率为0.922，平均掌握10.1个属性。根据上一水平结果，可以认为学生掌握10个以上知识点。

表4.9　不同水平学生掌握知识点的数量

水　平	掌握知识点数量
水平一	学生没有掌握任何知识点
水平二	学生掌握1个知识点
水平三	学生掌握2～3个知识点
水平四	学生掌握4～6个知识点
水平五	学生掌握7～9个知识点
水平六	学生掌握10个以上知识点

3. 不同水平学生的特征

配合上文的学习路径图和不同水平掌握知识点的数量，可以分析出不同水平学生的特征。

水平一的学生处于学习进阶的起点。从学习进阶定义来看，处于学习进阶起点的学生没有掌握任何统计知识点。

水平二的学生在两个路径上有所差异。主路径体现为分类，次要路径体现为折线统计图。掌握副路径的学生对统计图有一定的直观了解，并日对统计量的基本计算略有熟悉。这些学生对统计图有直观的理解，可以从统计图中获得一部分信息。这种理解可能来自生活经验，也可能是因为统计图更加直观。但这些学生对统计表的掌握概率很低。

水平三的学生在水平二的基础上，对分类和随机的了解开始提升，同时开始对统计表有所了解，但整体水平不高，对11个知识点中的大多数只处于从知道到了解的过渡阶段。从平均掌握属性数量上看，能够初步掌握3个左右的知识点。和水平二相比，学生在平均数和百分率两个统计量上的掌握概率并没有较大的提升，但是对统计图和统计表的理解开始逐步提升，对分类和随机性的掌握概率开始明显上升，说明从水平三开始，学生开始具有一定的数据分析意识，能够从统计的视角开始思考问题。

水平四的学生已经对统计有了充分的理解，其统计知识框架已经开始形成。学生可以掌握多个有关联的统计知识，并且在其他知识体系上也有充分的认识。和前三个水平相比，学生在统计量上的提升并不明显。需要特别指出的是，学生此时普遍已经掌握了折线图，平均掌握概率达到了 0.74686。这也是第一个突破掌握概率 0.7 的知识属性。说明学生可能更容易理解折线图，这也许和折线图效果比较直观有关。

水平五的学生基本掌握了大部分知识点。但对于高维的统计表、扇形图和频数分布直方图三个知识点掌握较差。与水平四的学生相比，水平五的学生在分类、随机性和统计表的理解和掌握上有大幅度提升，掌握概率均超过了 0.7，除去复式统计表掌握概率超过了 0.8。从数据上看，折线统计图、象形统计表和随机的理解都超过 0.9 以上，柱形图、分类和平均数达到 0.8 以上，说明学生已经基本完全掌握了统计知识体系，对统计表、简单统计图的统计图有较深的理解，能够理解平均数的统计意义，百分数的掌握概率首次超过 0.6，说明学生已经初步掌握百分数的统计含义。

水平六的学生在所有 11 个属性上的掌握概率均超过了 0.7，10 个属性超过了 0.8，7 个属性超过了 0.9。学生已经能够理解分类和随机性，并且具备良好的统计量计算能力，对统计量和统计图之间的关系也有较深刻的认识，具备深入学习统计知识的能力和基础。和水平五相比，水平六的学生在扇形统计图、频数分布直方图以及复式统计表上的理解有显著提升。提升最高的是对扇形统计图的掌握，掌握概率提升了接近 0.2，这也从侧面说明了扇形统计图可能是小学生最难掌握的统计图。

综上，构建六个水平的特征，具体见表 4.10。

表 4.10　水平划分的特征描述

水　平	特征描述
水平一	学生没有掌握任何知识点
水平二	学生掌握 1 个知识点，对分类、简单统计图有初步的认识

续表

水　平	特征描述
水平三	学生掌握 2 ～ 3 个知识点，对分类和随机，或简单统计图，或统计量有进一步的认识
水平四	学生掌握 4 ～ 6 个知识点，对分类和随机有进一步的理解，能够初步应用象形统计表、简单统计表、复式统计表、柱形图或条形图，以及折线图解决统计问题，完成平均数的计算和简单应用
水平五	学生掌握 7 ～ 9 个知识点，对分类和随机有较深刻的认识，能够使用统计图和统计表解决问题，掌握平均数和百分率的计算方法
水平六	学生掌握 10 个以上知识点，对分类和随机有深刻的认识，能够灵活应用象形统计表、简单统计表、复式统计表、柱形图或条形图，以及折线图解决问题，能够从频数分布直方图和扇形统计图中提取信息，能够从统计的角度理解平均数和百分率

对应前文的学习进阶图，可以获得最终的学习进阶路线水平划分图如下：

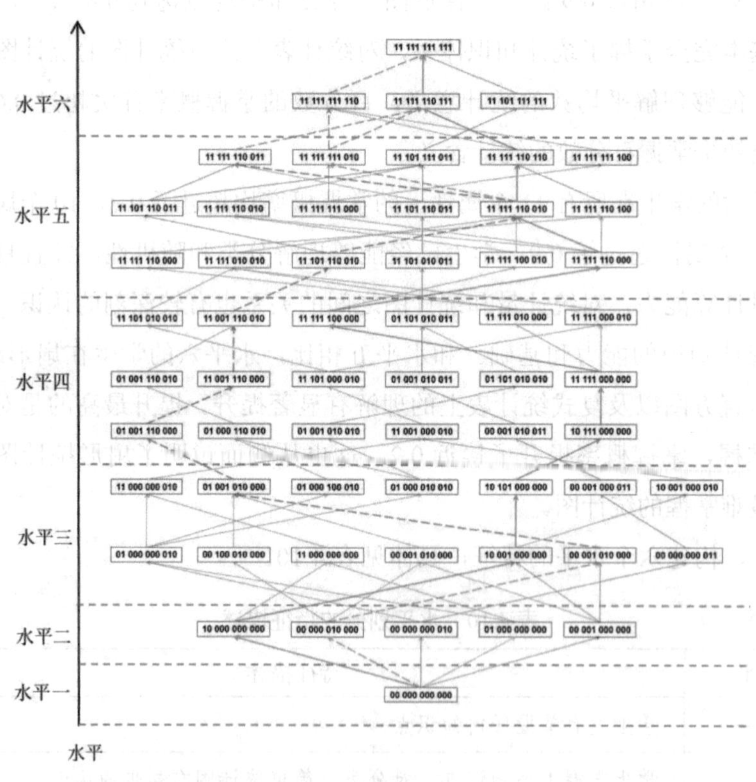

图 4.6　小学数学统计知识的学习进阶路线及水平

五、本章小结

本章使用上一章构建的小学数学统计知识测试题目进行了正式测试，测试共选择了 12 个省市区，总计获得 2272 份有效试卷。通过学生的作答结果和前文构建的 ***Q*** 矩阵，借助 Rstudio 1.4.1103 版本（具体应用的软件包为 GDINA package 和 CDM package），以及使用了涂冬波老师的认知诊断分析平台（flexCDMs），对数据进行了分析，获得了学生在不同知识上的掌握概率，以及学生不同的知识掌握模式。依据学生知识掌握模式之间的内部逻辑关系构建了小学数学统计知识学习进阶路线图。研究发现以下结论：

第一，正式测试的数据拟合良好，说明选择的模型和正式测试的数据匹配，可以用于分析小学数学统计知识学习进阶路线。

第二，小学统计知识呈现两条学习进阶路线：一条主要掌握路线和一条次要掌握路线。学习进阶路线可以分为六个水平。

第三，学生在 11 个知识点上的平均掌握概率不同，其中掌握概率最低的知识点是扇形统计图，掌握概率最高的知识点是随机性。

第四，学生对统计知识的掌握概率大小次序和知识的讲授顺序不一致。

下一章将对研究结论进行具体的论述。

第五章
小学生统计知识学习表现的诊断评估

当今社会，定量信息无处不在，能够正确地评估数据和基于数据的主张是一项重要的技能。越来越多的国家认为学生应该将其作为教育计划的一部分来学习，以便对周围世界的定量信息做出明智的反应。然而，许多研究表明，主流社会的成年人无法从统计角度思考影响他们生活的重要问题[①]。TIMSS（1981—1982 年）的数学测试结果表明，不同的国家在各内容领域的“学习的机会”不尽相同，“概率统计”的学习机会相差很大[②]。与此同时，越来越多的国家认识到统计人才是统计事业发展和现代信息化服务高质量发展的智力基础。因此，探索统计教育的规律，提升统计教育的效率和效果已经成为教育界的共识。

提升教学效果需要从课程设置、教学实践和学习评估三个角度探究。学习进阶是学生学习知识过程的路线描述。对学习进阶的研究可以更加深入地了解学生的学习过程，探索学生核心概念建构的过程，因此学习进阶对课程设置具有一定的指导意义。一般认为，和不依据学习进阶的教学实践相比，依据学习

---

① Ben-Zvi D, Garfield J. Statistical literacy, reasoning, and thinking: Goals, definitions, and challenges[J]. The challenge of developing statistical literacy, reasoning and thinking, 2004, 66: 3-15.

② 鲍建生,徐斌艳. 数学教育研究导引(二) [M]. 南京:江苏教育出版社,2013:24-26.

进阶的教学更有效率①。因此，学习进阶对教学也具有指导意义。最后，学习进阶是已经构建完成的学习路线，所以，还可以用于评估学生的学习效果。本章将依据上一章的测试数据和学习进阶路线，评估我国小学生统计知识的学习效果。

在上一章已经根据学习进阶理论和小学数学统计知识作答构建了小学数学学习进阶路线。先是根据模型选择得到的 ACDM 模型，依据学生在试卷上的作答情况，获得了学生在每个知识上的掌握概率，以及知识掌握模式，随后根据知识掌握模式之间的规律构建了学习进阶路线。但在上一章中没有对学习进阶的水平进行划分。本章首先进行水平的划分。

具体而言，本章主要包括以下内容：首先，总结已有学习进阶水平划分的方法，寻找适合本研究的划分思路；其次，根据总结出的划分思路，依据学生能力的分布特点，借助标准正态分布的分布特征把学生划分为五个维度；最后，总结我国小学生在五个维度上的表现。

一、学习进阶水平的划分方法

目前，由于学习进阶的研究刚刚展开，使用的方法多种多样，因此并没有学习进阶水平划分的范式。但已有的成果表明，学习进阶的水平划分大致可以分为两类。一种是以已有文献、课程标准为参照，依据逻辑进行划分；另一种是通过问卷调查等形式了解学生的思维层次，依据调查结果进行划分②。

第一类是先确定水平，然后获得学习进阶路线，最后依据学习进阶水平对学习进阶路线进行水平划分。此类研究的特点是在构建学习进阶路线以前，就已经通过理论分析获得了学生知识水平的不同层级。这种方法特别适用于知识水平层级明显的学习进阶研究。例如，国内较早的研究者茵丹民基于 Noelting 的 4~14 岁儿童比例推理认知发展的研究成果，从心理学角度将儿童比例推理

---

① Clements D H, Sarama J. Learning trajectories in mathematics education[M]// Hypothetical Learning Trajectories. Routledge, 2012: 81-90.

② 巩子坤，周心怡，许佳敏等. 学习进阶研究程序与研究范式[J]. 小学教学(数学版), 2022(Z1): 37-41.

能力的发展分为 7 个阶段[①]。巩子坤先构建小学生比例推理学习进阶模型，再利用 Rasch 模型对假设的学习进阶模型进行修订和验证[②]。白胜南聚焦于概率知识的学习进阶研究。由于概率知识分为单维和多维，因此可以依据维度对水平进行划分：以学生没有掌握任何一个知识为第一水平。以学生掌握了随机性为第二水平，因为所有研究都表明，理解随机性是学习概率的前提。第三水平是以掌握了至少一个一维知识点为标志。而第四水平是在理解一维概率知识的同时，对二维空间有所理解。第五水平是学生不仅理解一维空间和二维空间，而且还能够进行二维概率的计算和比较[③]。可以看出，这种进阶方法需要依赖知识本身的内部逻辑。但在前期的理论研究和上一章的实践研究中已经发现，统计知识点之间的内在逻辑具有复杂性，它们之间知识点的链接不是简单的线性结构。因此这种方法并不适用于本研究。

第二类是先通过实践获得学生的学习进阶路线，然后再根据学生的作答反应结果划分学习进阶水平。此类研究的特点是借助学生样本本身的能力水平分布，确定不同能力的学生处于哪种水平。这类方法普遍需要借助项目反应理论。如小鹏博士在数学知识的学习进阶研究中，首先使用认知诊断获得了学生的学习进阶路线。然后对学生的作答使用项目反应理论获得学生的能力值。由于在项目反应理论下能力分布服从标准正态分布，因此随后可以根据标准正态分布的数据特征将学生的能力分为 5 个区间，每个区间能力值的跨度为 0.5。然后依据划分的水平进行学习进阶水平的构建[④]。之所以选择了这种方式，是因为武小鹏博士的研究对象为整数、小数、表达式与运算、关系与函数、方程与不等式、几何图形、测量与变换、数据与统计、可能性。这些内容领域的属性很难提前设计出学习进阶路线。

综上的分析可以发现，两种方法各有其适用的范围。尽管本研究中的部分统计知识存在内部的逻辑顺序，但整体看来，并无法提前设计好这些知识的进

---

① 苗丹民. 关于儿童比和比例概念发展的研究(综述)[J]. 心理学动态，1991(1):18–23.

② 巩子坤，程玲，陈影杰. 小学生比例推理学习进阶模型的构建[J]. 数学教育学报，2022，31(05):48–53+64.

③ 白胜南. 中学生概率概念学习进阶的构建问题研究[D]. 长春:东北师范大学，2021.

④ 武小鹏. 八年级学生数学成就的认知诊断测评研究——基于中国四省（市）的 TIMSS 数据的分析[D]. 上海:华东师范大学，2020.

阶水平。因此，本研究适用于第二个方案。

二、小学统计知识学习进阶水平划分

在上一章的测量中，已经获得了学生的作答反应，并且使用认知诊断方法获得了学生的知识掌握模式，最后还依据学生的知识掌握模式获得学习进阶路线。接下来依据已有研究的思路进行学习进阶水平的划分。首先使用项目反应理论和学生的作答反应，推断学生所具有的能力值。

本部分研究使用了 STATA 14.0 软件，使用其中的项目反应理论模块，借助 2PL 模型获得了学生的能力值。能力值的描述统计如表 5.1。

表 5.1　学生能力值描述统计

	个案数	极差	最小值	最大值	平均值	标准差	方差
能力	2272	4.78	−2.98	1.80	0.0000	0.8975	0.806

从表 5.1 可以看出，学生的能力值为 −2.98 到 1.80，均值为 0，极差为 4.78。在项目反应理论中，被试的能力服从标准正态分布。依据标准正态分布的性质，可以将其划分为 5 个区间，5 个区间分别对应 5 个水平，具体见表 5.2。

表 5.2　水平划分与能力对应表

水平	能力值（θ）取值范围
水平一	$\theta < -2$
水平二	$-2 \leqslant \theta < -1$
水平三	$-1 \leqslant \theta < 0$
水平四	$0 \leqslant \theta < 1$
水平五	$1 \leqslant \theta$

接下来需要确定每个水平下的学生知识掌握状态的特征。

对水平一的学生掌握的属性个数取平均值，得到水平一的学生平均掌握概率为 0.121，平均掌握的属性个数为 1.2 个，具体掌握概率如图 5.1。

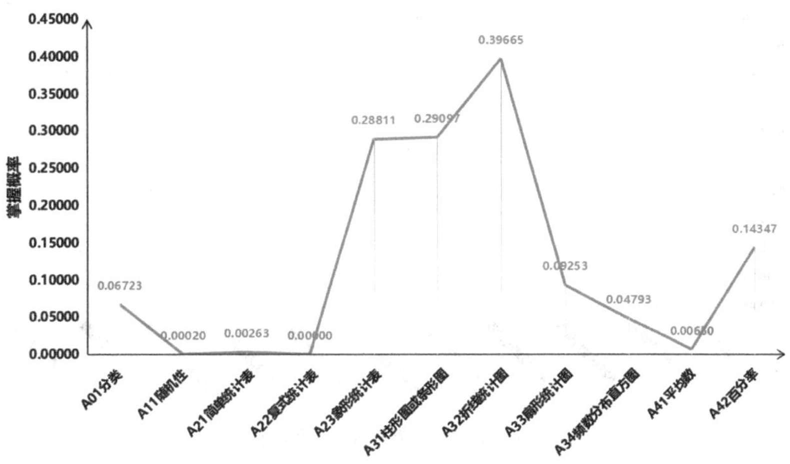

图 5.1　水平一学生平均掌握概率

从图 5.1 可以看出，在水平一的学生群体中，学生在分类、统计图和统计量上略有了解。但掌握随机性和统计表的概率很低。

从图 5.1 中可以解析水平一学生的知识特点。水平一的学生以次要进阶路径为主，对统计图有一定的直观了解，并且对统计量的基本计算略有熟悉。需要指出的是，这里对统计量有所理解的对象，更多的是六年级以数学思维为主的学生。本研究的对象为小学六年级学生，他们已经学习了平均数和百分率。如果学生从一年级开始学习，平均数和百分率分别在第二学段和第三学段。因此不能认为有学生第一学段就开始掌握平均数和百分率。另一部分学生对统计图有直观的理解，可以从统计图中获得一部分信息。这种理解可能来自生活经验，也可能是因为统计图更加直观。但这些学生对统计表的掌握概率很低。最后，还有一部分学生从分类开始学习，符合教科书的教学路线，但这类学生较少，因为符合教科书路线的学生会更快地掌握多个知识，水平一的学生较少。综上，水平一的学生，其特点是对统计图有直观的、经验上的了解，或从数学角度对统计量有所理解。最后，需要指出的是，水平一中的学生仅有 46 人，占总体的 2%，可能会受到特殊个体的影响。

对水平二的学生掌握的属性个数取平均值，得到水平二的学生平均掌握的概率为 0.242，平均掌握 2.6 个属性，具体掌握概率见图 5.2。

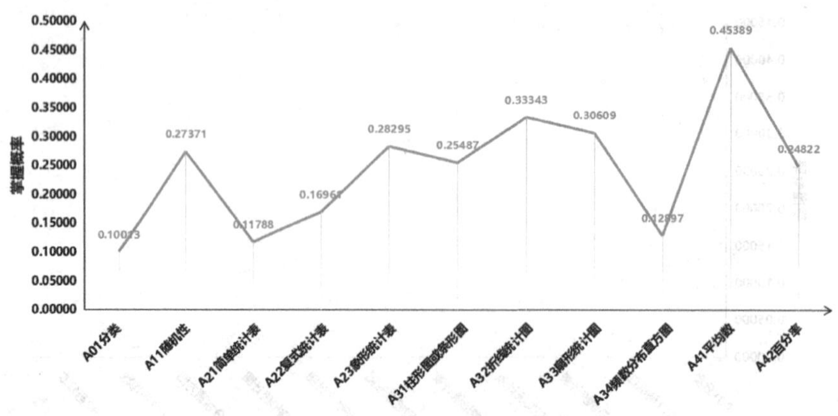

图 5.2　水平二学生平均掌握概率

水平二的学生在水平一的基础上，对分类和随机的了解开始提升，同时开始对统计表有所了解，但整体水平不高，对 11 个知识点中的大多数只处于从知道到了解的过渡阶段。但能够掌握 3 个左右的知识点。和水平一相比，学生在平均数和百分率两个统计量上的掌握概率并没有较大的提升，但是对统计图和统计表的理解开始逐步提升，说明水平二的学生可能开始具有一定的数据直觉，能够对统计图表中蕴含的信息有一定的感悟。特别是学生对分类和随机性的掌握概率开始明显上升，说明从水平二开始，学生开始具有一定的数据分析意识，能够从统计的视角开始思考问题。

对水平三的学生掌握的属性个数取平均值，得到水平三的学生平均掌握的概率为 0.525，平均掌握 5.7 个属性，具体掌握概率见图 5.3。

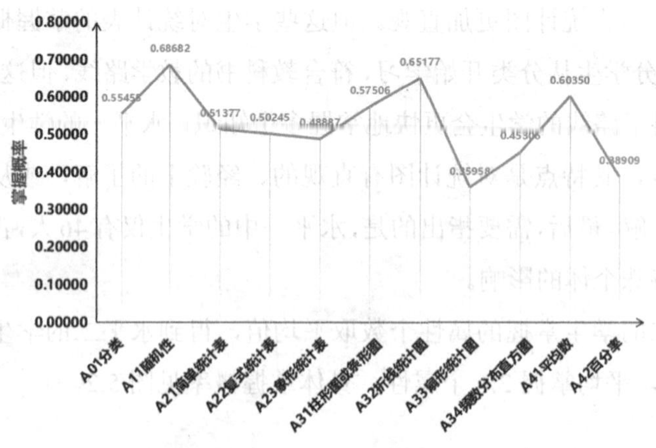

图 5.3　水平三学生平均掌握概率

从水平三学生的掌握概率可以看出，学生对统计图和统计表的掌握概率明显提升，对随机性的理解急速提升，从水平二的 0.1764 上升到水平三的 0.68682，对分类的理解从 0.10053 提升到 0.55455。说明在水平三的学生已经对统计有了充分的理解，其统计知识框架已经开始形成。学生可以掌握一至两个系统的小知识群，并且在其他知识体系上也有充分的认识。和前两个水平相比，学生在统计量上的提升并不明显。需要特别指出的是，学生此时普遍已经掌握了折线图，这也是第一个即将突破掌握概率 0.7 的知识属性。说明学生可能更容易理解折线图，这也许和折线图效果比较直观有关。

对水平四的学生掌握的属性个数取平均值，得到水平四的学生平均掌握的概率为 0.783，平均掌握 8.5 个属性，具体掌握概率见图 5.4。

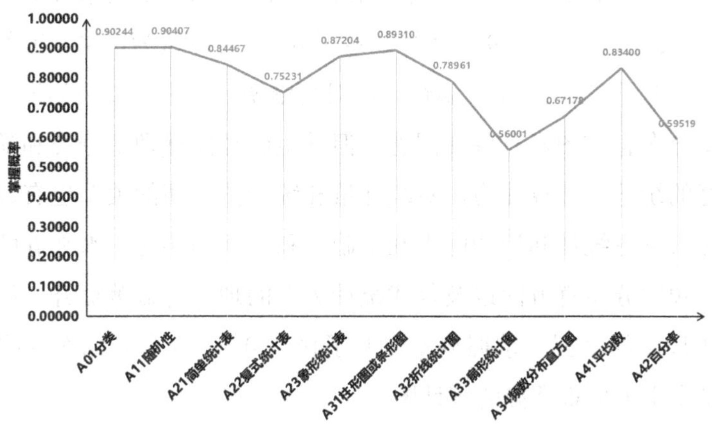

图 5.4　水平四学生平均掌握概率

从图 5.4 可以看出，水平四的学生基本掌握了大部分知识点。但对于高维的统计表、扇形图和频数分布直方图三个知识点掌握较差。与水平三的学生相比，水平四的学生在分类、随机性和统计表的理解和掌握上有大幅度提升，掌握概率均超过了 0.5，有 8 个属性掌握概率超过了 0.8。可以认为学生已经掌握了多个小学统计知识的小知识群。从数据上看，分类和随机的掌握概率超过了 0.9，说明达到水平四的学生需要对分类和随机有很好的理解。简单统计表、象形统计表、柱形图和平均数的掌握概率超过了 0.8，说明学生已经完全掌握了基本统计知识图表，对统计表和统计图有较深的理解，能够理解平均数的统计意义，百分数的掌握概率首次超过 0.5，说明学生已经初步掌握百分数的统计含义。

对水平五的学生掌握的属性个数取平均值，得到水平五的学生平均掌握的概率为 0.936，平均掌握 10.1 个属性，具体掌握概率见图 5.5。

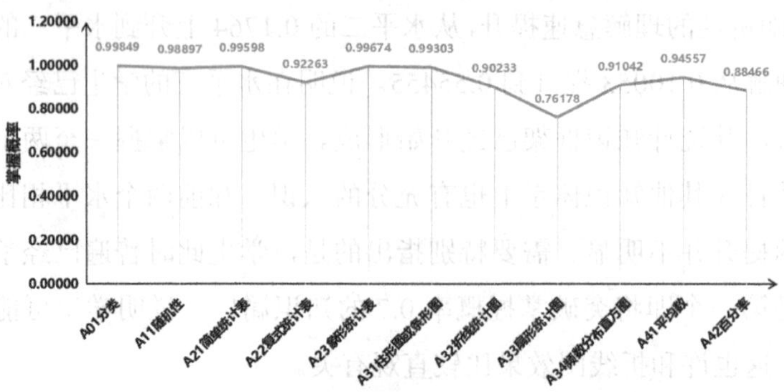

图 5.5　水平五学生平均掌握概率

从图 5.5 可以看出，水平五的学生在所有 11 个属性上的掌握概率均超过了 0.7，10 个属性超过了 0.8，9 个属性超过了 0.9。可以认为，水平五的学生已经基本理解并掌握了全部的 11 个属性，但对高维统计表和较复杂的统计图，如扇形图和频率分布直方图尚有些许困惑。但学生已经能够理解分类和随机性，并且具备良好的统计量计算能力，对统计量和统计图之间的关系也有较深刻的认识，具备深入学习统计知识的能力和基础。和水平四相比，水平五的学生在扇形统计图、频数分布直方图以及复式统计表上的理解有显著提升。提升最高的是对扇形统计图的掌握，掌握概率提升了接近 0.2，这也从侧面说明了扇形统计图可能是小学生最难掌握的统计图。

最后，汇总五个水平上的掌握概率，见图 5.6。

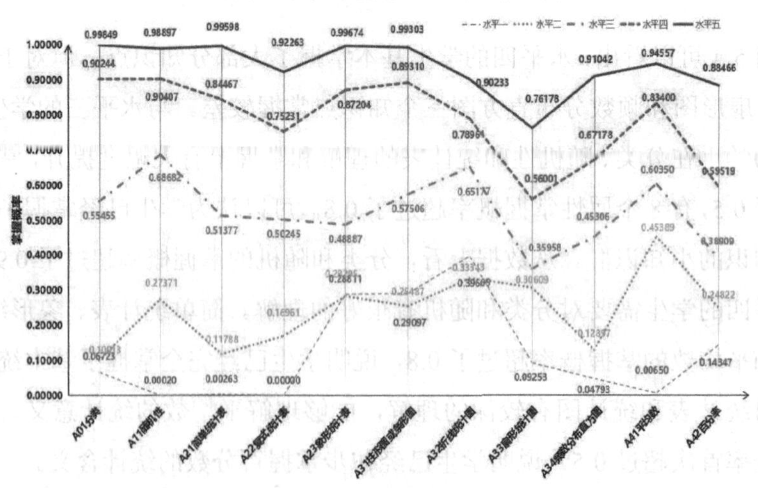

图 5.6　五个水平的平均掌握概率汇总

通过图 5.6 可以看出，水平一的学生刚刚开始认识分类，但是对象形统计表和简单的统计图和平均数有一定的了解。前者掌握概率较低可能是因为个案较少，因为测试对象为六年级学生，能够按照教学顺序学习的学生基本已经完全掌握了分类，所以停留在水平一的学生较少。而后者可能更多地出于经验上的统计和数学思维。在水平二中，学生开始逐步了解分类、随机以及简单的统计表和统计图，对统计知识有了初步的认识，对统计量有所感悟，可能开始具备统计思维。从图 5.6 可以看出，水平二的学生和水平一的学生在象形统计表、柱形图、折线图上的掌握概率基本没有变化。水平三的学生开始产生了质变，最显著的特征是水平三的学生对随机性的理解迅速提升。众所周知，随机思想是统计学的思想基础。因此，从水平三开始，学生开始逐步理解统计，并且基本掌握了简单的统计表和统计图。水平三的学生尽管统计量的掌握概率也有所提升，掌握概率提升了大约 0.15，但和其他属性相比提升幅度并不大。水平四的学生在 11 个属性上的掌握概率迅速提升，首次有属性掌握概率超过了 0.9，但在扇形图和频数分布直方图上提升并不明显。复式统计表的掌握概率提升了大约 0.25，说明和复杂的统计图相比，可能复式统计表更容易掌握。最后，等级五的学生在所有 11 个属性上的掌握概率均超过了 0.7，9 个属性掌握概率超过了 0.9，说明可以认为，尽管水平五的学生在扇形统计图上仍显薄弱，但已经基本理解并掌握了全部的 11 个属性。

综上，五个水平的特征见表 5.3。

表 5.3　水平划分与能力对应表

水　平	特征描述
水平一	学生了解 0 ～ 2 个知识点，对分类、简单统计图、统计量有初步的认识
水平二	学生初步理解 3 个左右的知识点，对分类和随机，或简单统计图，或统计量有进一步的认识
水平三	学生掌握 5 个左右的知识点，对分类和随机有进一步的理解，特别是对随机性有较深的理解。能够初步应用象形统计表、简单统计表、复式统计表、柱形图或条形图，以及折线图解决统计问题，完成平均数的计算和简单应用
水平四	学生掌握 8 个左右的知识点，对分类和随机有较深刻的认识，能够使用统计图和统计表解决问题，掌握平均数和百分率的计算方法

续表

水 平	特征描述
水平五	学生掌握10个左右的知识点，对分类和随机有深刻的认识，能够灵活应用象形统计表、简单统计表、复式统计表、柱形图或条形图，以及折线图解决问题，能够从频数分布直方图和扇形统计图中提取信息，能够从统计的角度理解平均数和百分率

三、我国小学生统计知识学业表现

（一）我国小学生统计知识学业表现整体描述

根据前文构建的小学统计知识水平标准，小学生统计知识可以划分为五个水平。依据学生的作答能力，五个水平内的人数和比例对应情况见表 5.4。

表 5.4　不同水平下学生人数及比例

水 平	人 数	比 例
水平一	46	0.02
水平二	281	0.12
水平三	808	0.36
水平四	825	0.36
水平五	312	0.14
总计	2272	1

本次研究总计调查样本 2272 人，从表 5.4 可以看出，我国小学生在水平一中有 46 人，占比 2%；在水平二中有 281 人，占比 12%；在水平三中有 808 人，占比 36%，在水平四中有 825 人，占比 36%，在水平五中有 312 人，占比 14%。整体上看，水平三和水平四的学生占比最多，水平一占比的学生最少，水平二和水平五占比相近。

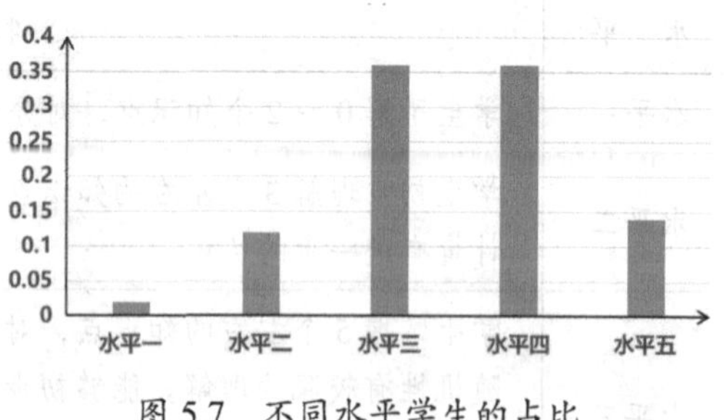

图 5.7　不同水平学生的占比

以上数据表明，我国大多数小学生的统计知识掌握处于中上水平。调查中86%的学生处于水平三及以上水平。说明我国小学生基本掌握了分类、随机、象形统计表、简单统计表、复式统计表、柱形图或条形图、折线图、百分数和百分率，但还有部分学生在扇形图和频数分布直方图上理解相对较弱。考虑到我国教科书没有专门讲解频数分布直方图，因此未来教学中可以加深扇形统计图的教学。此外，大约14%学生的学生在所有属性上掌握概率小于50%。考虑到本次测试的对象为小学六年级的学生，说明我国小学数学教学中仍然有少部分后进生。但这些学生也可以通过生活经验获得简单统计图，如折线图和柱形图的认知，还有少部分学生可能具有数学思维，而统计思维薄弱。

（二）不同地区的学生水平描述

本研究共涉及11个省市，依据前文构建的水平和分析得到的掌握概率，对11个省市小学生的掌握概率和水平等级进行汇报如下：

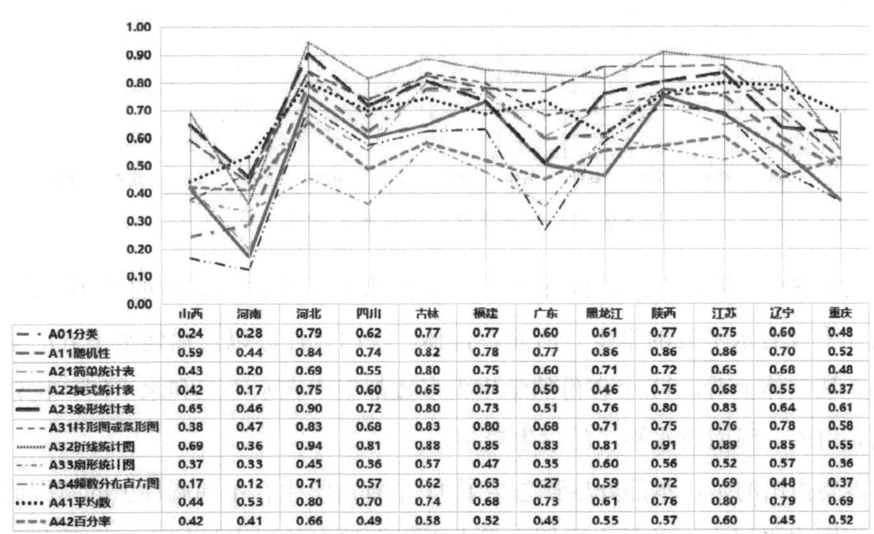

	山西	河南	河北	四川	吉林	福建	广东	黑龙江	陕西	江苏	辽宁	重庆
A01分类	0.24	0.28	0.79	0.62	0.77	0.77	0.60	0.61	0.77	0.75	0.60	0.48
A11随机性	0.59	0.44	0.84	0.74	0.82	0.78	0.77	0.86	0.86	0.86	0.70	0.52
A21简单统计表	0.43	0.20	0.69	0.55	0.80	0.75	0.60	0.71	0.72	0.65	0.68	0.48
A22复式统计表	0.42	0.17	0.75	0.60	0.65	0.73	0.50	0.46	0.75	0.68	0.55	0.37
A23象形统计表	0.65	0.46	0.90	0.72	0.80	0.73	0.51	0.76	0.80	0.83	0.64	0.61
A31柱形图或条形图	0.38	0.47	0.83	0.68	0.83	0.80	0.68	0.71	0.75	0.76	0.78	0.58
A32折线统计图	0.69	0.36	0.94	0.81	0.88	0.85	0.83	0.81	0.91	0.89	0.85	0.55
A33扇形统计图	0.37	0.33	0.45	0.36	0.57	0.47	0.35	0.60	0.56	0.52	0.57	0.36
A34频数分布直方图	0.17	0.12	0.71	0.57	0.62	0.63	0.27	0.59	0.72	0.69	0.48	0.37
A41平均数	0.44	0.53	0.80	0.70	0.74	0.68	0.73	0.61	0.76	0.80	0.79	0.69
A42百分率	0.42	0.41	0.66	0.49	0.58	0.52	0.45	0.55	0.57	0.60	0.45	0.52

图5.8　不同地区不同属性掌握概率比例

在不同地区不同属性掌握概率的比较中，本研究陈述的是相对掌握情况，并非绝对的优劣比较。依据认知诊断的判断标准，掌握概率超过0.5认定为掌握，低于0.5认定为未掌握。本研究数据表明山西省和河南省的学生在分类上掌握相对较差，河北、吉林、福建、陕西、江苏五省在分类上的掌握概率都超过了

0.7。11 个省市中有 8 个省的学生在分类上的掌握概率超过了 0.5。掌握水平最高的省份是河北省。和分类相比，11 个省市在随机性上的差异降低，并且各省市的掌握概率均有提升。江苏省的学生在随机属性上的掌握概率最高，黑龙江、山西、河北次之。山西省的学生在随机性的掌握上超过了 0.5，而河南省学生在随机性上的掌握概率低于0.5。简单统计表中河南省学生掌握的概率相对最低。

以上是各省在 11 个属性上的平均掌握概率数据。从图 5.8 中也能看出，各个省市掌握最好的属性是折线统计图，而相对薄弱的当属扇形统计图和频数分布直方图。下面对 11 个省市中不同水平的学生进行计数，获得 11 各省市中不同水平学生的比例，具体见图 5.9。

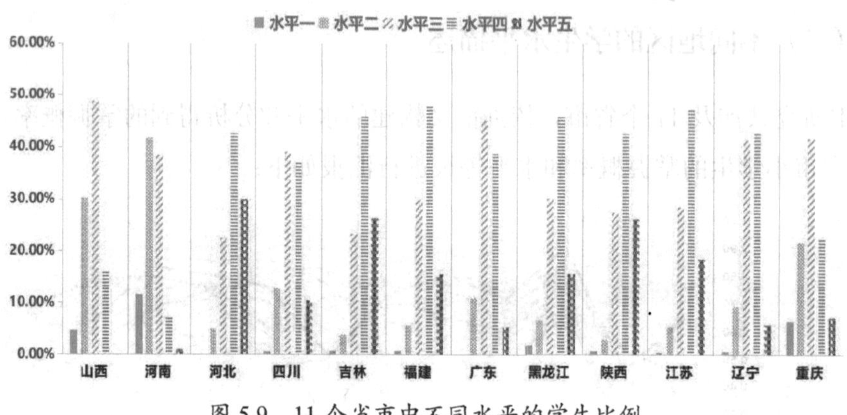

图 5.9　11 个省市中不同水平的学生比例

从图 5.9 中可以看出，11 个省市中不同水平学生占其省市的比例。山西、河南几乎没有水平五的学生。河北、吉林、陕西、江苏以及福建水平五的学生较多。从整体上看，11 个省份的学生大多数都集中在水平三和水平四。比较特殊的是河南，河南省水平二的学生较多。

需要指出的是，本部分尽管总结了 11 个省市学生在不同属性上的掌握概率以及不同水平层次上的学生比例，但由于每个省市的样本量较少，本部分只是数据的客观描述。同样由于样本量较少，因此本研究不做差异分析。

四、本章小结

首先，本章总结了已有基于认知诊断进行水平划分的方法，探讨了不同方法的适用条件。通过总结发现，本研究适用于以学生能力为依据进行水平的划分。随后，根据总结得到的方法和思路，对本次调查的 2272 名学生进行水平划分，共计划分为五个水平。然后根据每个水平内学生的掌握概率特征，归纳出五个水平的主要特征。具体为水平一的学生能够了解 0 ～ 2 个知识点，对分类、简单统计图、统计量有初步的认识；水平二的学生初步理解 3 个左右的知识点，对分类和随机简单统计图，或统计量有进一步的认识；水平三的学生掌握 5 个左右的知识点，对分类和随机有进一步的理解，能够初步应用象形统计表、简单统计表、复式统计表、柱形图或条形图，以及折线图解决统计问题，完成平均数的计算和简单应用；水平四的学生掌握 8 个左右的知识点，对分类和随机有较深刻的认识，能够使用统计图和统计表解决问题，掌握平均数和百分率的计算方法；水平五的学生掌握 10 个左右的知识点，对分类和随机有深刻的认识，能够灵活应用象形统计表、简单统计表、复式统计表、柱形图或条形图，以及折线图解决问题，能够从频数分布直方图和扇形统计图中提取信息，能够从统计的角度理解平均数和百分率。最后给出了 11 个省市学生在不同属性上的掌握概率，以及不同水平学生的比例。

第六章
结论、建议与展望

史宁中教授指出“学生核心素养的培养，最终要落在学科核心素养的培育上”①，想要培育学生的数据分析观念，不仅需要在教学上下功夫，更需要对统计知识的内部关系和学生认知水平有清晰的认识。要打通教与学、师与生之间的渠道，为课程、教学和评估提供统一的框架，需要使用科学的统计知识学习进阶路线。本研究借助认知诊断理论，通过量化研究方法构建了小学数学统计知识学习进阶路线。现就研究的结论、建议和展望分述如下。

一、研究结论

（一）小学统计知识有两个进阶路线

本研究表明，小学学习统计知识可以分为两条路线，一条主要掌握路线，一条次要掌握路线。

主要掌握路线的知识点学习次序是分类→象形统计表→简单统计表→复式统计表→随机性→柱形图→折线统计图→平均数→频数分布直方图→百分率→扇形统计图。在研究背景中发现，人教版、西师大版、西南大学版等多个版本教科书平均数在折线统计图之前；而北师版、沪教版平均数在折线统计图之后；冀教版则是在平均数和折线统计图之间出现了条形统计图；不同版本教科书的

① 史宁中. 学科核心素养的培养与教学——以数学学科核心素养的培养为例[J]. 中小学管理,2017(01):35-37.

象形统计表和统计表次序也不尽相同。本研究表明：学生对平均数的掌握要弱于对折线统计图的掌握，先学习折线统计图可能是更好的选择；条形统计图（柱形图）的难度要弱于折线统计图；学生在象形统计表上的掌握要优于简单统计表。

次要线路的知识点学习次序是折线统计图→象形统计表→随机性→柱形图或条形图→分类→平均数→简单统计表→复式统计表，随后显示出一定的复杂性，既可以是百分率→频数分布直方图→扇形统计图，也可以是扇形统计图→百分率→频数分布直方图，或者扇形统计图→频数分布直方图→百分率。这条路线的学生体现出先认识图形，然后在统计图中领悟随机性，最后学习复杂的统计图和统计量的特征。次要路线的出现表明，统计学习和数学学习确实存在差异。一般而言，数学知识的学习只有一条相对固定的路线。但次要路线显示，学生在统计知识的学习中可以从统计图表开始学习，而非分类。学生在生活中经常遇到折线统计图等统计图形，具有从折线统计图等简单统计图中获取信息的能力。这也说明了基本数学活动经验的重要性。

（二）依据学生掌握知识点个数可以判断其水平

学生的学习进阶路线可以分为六个水平。其中水平一是学习起点，学生没有掌握任何知识点；水平二的学生只掌握 1 个知识点；水平三的学生可以掌握 2 ～ 3 个知识点；水平四的学生可以掌握 4 ～ 6 个；水平五的学生可以掌握 7 ～ 9 个知识点；水平六的学生可以掌握 10 个以上的知识点。掌握相同等级知识点的学生能力差异较小。从进阶路线图可以看出，统计学习的起步阶段学习速度较缓，在达到水平四后，学生学习速度加快。对学习进阶路线的水平划分，可以作为今后教学的一个参考。

（三）学生对统计知识的掌握概率大小次序和知识的讲授顺序不一致

从我国小学统计知识次序上看，折线统计图出现在五年级。但从数据上来看，学生在折线统计图上的掌握概率排在第 4 位，和掌握概率最高的随机性只差 0.05。在次要路线中，学生掌握的第一个知识点就是折线统计图。

尽管目前在国内大部分教科书中，频数分布直方图都没有作为小学要求的知识点，但数据表明，学生对其掌握概率却要优于扇形统计图。出现这种情况的原因可能是频数分布直方图与条形统计图具有高度的相似性。频数分布直方图可以看作是柱形图的一种特殊情况。一些学者认为直方图比较难的原因可能是涉及两点：首先，和一般的柱形图相比，频数分布直方图的对象往往是一个连续的数据；其次，频数分布直方图还需要获得组距。但是如果从一个给定的频数分布直方图来看，频数分布直方图的描述对象是单一的，如人的身高。而直方图的描述对象则是多种的，如小朋友喜欢吃的水果（包括香蕉、苹果、梨等）。显然，只考虑身高一个变量更加简单。再者小学频数分布直方图的题目中一般已经给定了组距。因此，可能导致学生对频数分布直方图的掌握概率比想象的要高一些。

（四）小学阶段扇形统计图的学习难度最大

学生对扇形统计图的掌握概率最低，甚至低于频数分布直方图。数据分析发现，学生在扇形统计图上的掌握概率最低。平均掌握概率仅有 0.49，低于 50%，也是唯一一个学生掌握概率低于 50% 的知识点。

扇形统计图是我国小学六年级下学习的最后一个统计图，安排在六年级，一是因为扇形统计图以百分率为基础；二是因为扇形统计图难度较大。

1994 年，《〈九年义务教育全日制小学数学教学大纲（试用）〉的调整意见》提出“扇形图改为选学内容”。表明我国学者已经认识到扇形统计图难度较大，并且历次改革中都把扇形统计图放在了毕业年级，也从侧面说明扇形统计图对学生而言较难掌握。本研究也证实了这一观点。扇形统计图是否要放在小学进行教学是以后的一个研究方向。

（五）除扇形统计图外，学生对统计图的整体掌握情况优于统计表

本研究表明，从掌握概率角度来看，学生在条形统计图和折线统计图的掌握概率上整体优于统计表上的掌握概率。在统计图表中，学生掌握最好的是条形统计图和折线统计图，然后才是象形统计表和简单统计表。而在实际教学中，我国教科书都是把统计表放在统计图之前。这说明尽管学生先学习并掌握了象

形统计表和简单统计表，后掌握条形统计图和折线统计图，但是学生最终在统计图上的掌握要优于统计表。

从成绩上看，后 50% 的学生在条形统计图和折线统计图的平均掌握概率要优于对简单统计表的掌握。这可能有两方面的原因：一方面是有些学生在数学测试中阅读能力较差，对文字（包括表格中的数字）存在一定的阅读困难；另一方面可能是在生活中更容易积累关于统计图的经验。Li 等人进行的研究表明，带有文字的图形比单纯的文字更能传达重要信息，更有助于理解①。这些可能是学生在统计图上掌握概率更高的原因。

二、讨论

（一）探索学习路径有助于更加灵活的教学设计

本研究对小学阶段统计知识的学习进阶路径进行了探讨和分析。研究发现，在小学统计知识的学习中，存在两条显著不同的进阶路线：一条为主要路线，另一条则为辅助性的次要路线。这一发现与传统的数学知识学习进阶路线形成了鲜明对比，后者通常只涉及单一的线性进阶路径，原因在于数学知识之间的逻辑关系和层级结构较为明确和固定。

这种双轨并行的学习路线为更灵活地教学调整提供了依据，可以适应不同学生的学习需求和兴趣。对于具有较强数理基础的学生，教师可以根据主要路线中的内容，推动他们在统计应用和数据处理技能上的深入学习。对于基础较差或兴趣不高的学生，可以考虑次要路线，通过培养兴趣来激发学生的学习热情。

学习进阶路线为学生提供了从基础到高级，从理论到实践的全面学习机会，更符合当前教育多样化和个性化的发展趋势。这一发现对于未来小学数学教育，特别是统计教育的课程设计与教学实施提供了新的视角和思路。

① Li P，Jiang X，Shatkay H. Extracting figures and captions from scientific publications[C]//Proceedings of the 27th ACM International Conference on Information and Knowledge Management. 2018：1595-1598.

（二）折线统计图可能更适合成为统计图的突破口

后续研究还发现，成绩在后 50% 的学生中，折线统计图都是掌握水平最高的统计图表。从我国小学统计知识次序上看，折线统计图是学生学习了统计表和柱形图后的下一个统计图。从知识结构上来看，折线统计图一般可以认为是将柱形图的顶点进行连接从而得到描述变化趋势的曲线。从这一点上可以认为折线统计图的讲授应在柱形图之后。但正如前文所述，学生在统计学习中体现出了以经验为基础的特征。从现实生活来看，最近的研究已经确定，折线统计图是发现的最普遍的可视化类型[①②]，研究表明，在生活中使用率较高图表中，有 35% 以上是折线统计图的某种变体[③]。因此学生在生活中对折线统计图的接触较多。

从视觉研究上也证明了折线统计图是最简单的统计图。国外已有研究调查了视觉编码（包括位置、长度和颜色）究竟如何影响观看者在可视化中感知信息的方式[④]。以这个思路为依据，研究者们对不同类型的视觉编码的有效性进行

---

① Battle L，Duan P，Miranda Z，et al. Beagle：Automated extraction and interpretation of visualizations from the web[C]//Proceedings of the 2018 CHI Conference on Human Factors in Computing Systems. 2018：1-8.

② Lee C，Yang T，Inchoco G D，et al. Viral visualizations：How coronavirus skeptics use orthodox data practices to promote unorthodox science online[C]//Proceedings of the 2021 CHI conference on human factors in computing systems. 2021：1-18.

③ Battle L，Duan P，Miranda Z，et al. Beagle：Automated extraction and interpretation of visualizations from the web[C]//Proceedings of the 2018 CHI Conference on Human Factors in Computing Systems. 2018：1-8.

④ Monmonier M. Semiology of Graphics：Diagrams, Networks，Maps[M]. Esri Press，1985.

了排名[①②③]。其中著名的 Cleveland 和 McGill 实验表明，沿着共同尺度的位置可以对定量数据进行最准确的比较，而体积和颜色编码导致比较的准确性较低[④]。在折线统计图中，线的宽度、颜色、面积并没有实际意义。而线的变化（纵横比）是观察者获得变化感知的主要来源，属于最容易获得信息的途径[⑤]。

特别需要说明的是，和其他统计图表相比，折线统计图只有横纵两个变量，远远少于其他统计图表。例如，柱形图的横轴上有着不同的分组或分类。而扇形统计图往往也有多个分类。所以从维度上看，折线统计图更加简单。此外，折线统计图主要体现了研究目标的变化趋势。这种描述变化趋势的图形在学生生活中经常出现。如天气预报、身高的增加、年龄的增长和成绩的变化等。即使没有学过折线统计图，很多学生也会绘制自己的成绩变化或身高变化等。因此，折线统计图在教科书中的位置也是一个后续可以研究的课题。

（三）扇形统计图是否可以后移

本次研究还发现扇形统计图掌握概率最低，这也和已有研究结果相契合。已有研究表明，对学生而言，扇形统计图不易掌握[⑥]。这是因为扇形统计图的“比例关系”可以从角度、弧长、面积等多个角度读取，而非像之前的统计图

① Cleveland W S，McGill R. Graphical perception：Theory，experimentation，and application to the development of graphical methods[J]. Journal of the American statistical association，1984，79(387)：531-554.

② MacEachren A M. How maps work：representation，visualization，and design[M]. Guilford Press，2004.

③ Mackinlay J. Automating the design of graphical presentations of relational information[J]. Acm Transactions On Graphics (Tog)，1986，5(2)：110-141.

④ Cleveland W S，McGill R. Graphical perception：Theory，experimentation，and application to the development of graphical methods[J]. Journal of the American statistical association，1984，79(387)：531-554.

⑤ Beattie V，Jones M J. The impact of graph slope on rate of change judgments in corporate reports[J]. Abacus，2002，38(2)：177-199.

⑥ Siirtola H. The cost of pie charts[C]//2019 23rd International Conference Information Visualisation (IV). IEEE，2019：151-156.

那样相对单一。而众所周知，线比角度更容易估计，而面积的估计更难[①]。Eells测量了人们阅读饼状图的表现，并要求他们指出自己使用的机制：大约一半的人选择了弧长，大约四分之一的人选择了面积和角度[②]。与此同时，在学生的日常生活中，扇形统计图是最常出现“变形”的统计图。最常见的强调扇形某个“扇”的方法是增加其半径，使其突出。如6.1所示。

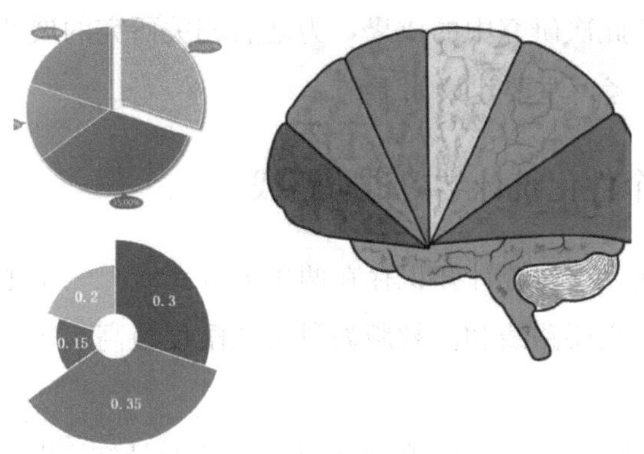

图6.1 三种不同的扇形统计图“变体”[③]

图6.1中分别采用了增大半径、拆散以及非圆形作为总体三种方式进行了突出表述。这些图形在日常的生活中，如广告中经常可以见到。但里面除了“拆散”的饼状图外，所有的饼状图都扭曲了面积和弧长。这可能导致学生的理解的错误。因为在“大切片图”下，作者的本意是突出更大的角度，但实际上突出现实的面积更大，弧更长。这可能使得一些学生没有意识到无论如何增大半径，扇形覆盖的角度相同。而其他统计图则很少出现类似的“变体”。此外，还有研究指出，在统计图中，红色会显得比其他颜色面积更“大”[④]。这些可能是

---

① Cleveland W S. Research in statistical graphics[J]. Journal of the American Statistical Association, 1987, 82(398): 419-423.

② Eells W C. The relative merits of circles and bars for representing component parts[J]. Journal of the American Statistical Association, 1926, 21(154): 119-132.

③ Bertini E, Elmqvist N, Wischgoll T. Judgment error in pie chart variations[C]// Proceedings of the Eurographics/IEEE VGTC conference on visualization: Short papers. 2016: 91-95.

④ Cleveland W S. A color-caused optical illusion on a statistical graph[J]. The American Statistician, 1983, 37(2): 101-105.

扇形统计图学习较困难的原因，所以很多统计专家都不建议使用扇形统计图[①]。因此，扇形统计图是否可以后移至初中，未来可以进行探讨。

三、建议

本研究基于认知诊断构建了小学统计知识学习进阶模型，并发现学生的学习特征。希望借助此次研究中的成果，为之后相关研究的展开和当前教育现状的改善提供一些参考，主要建议如下：

（一）探索个性化统计学习进阶路线

本次研究发现，小学统计知识存在两条上升路线。一条主要掌握路线和一条次要掌握路线。主要路线和沪教版教科书匹配度最高，次要路线对应经验学习者。

和数学学习不同的是，一线教师普遍认为小学统计知识既“好讲”又“难讲”。其中一个重要原因就是学生可以从生活中积累很多学习经验。“数与代数”“图形与几何”的抽象程度相对较高，如果未经系统学习而仅靠自学，小学生很难建立知识之间的联系。但统计领域则不同，现代科技的发展使小学生在生活中大量接触统计图表。这使得一部分学生即使没有听过任何课堂教学讲解，也具备了一定的读取统计图表信息的能力。学生总体的复杂化也为课堂教学设计带来了困难。如何为不同的学生提供相匹配的教学可以是未来研究的一个方向。本研究表明，目前我国小学生的统计学习状况是复杂的，参差不齐的。本研究构建了两条不同的统计知识学习进阶路线，可以供后续研究参考。实际上，仍有很多学生掌握了数学算法，而非统计量。那么在后续初中学习中如何有针对性提升这些学生的统计技能也是一个值得探讨的课题。此外，本研究给出了 11 个知识点的水平划分，在实际教学中可以根据学生目前掌握的状态和水平，合理规划学生未来的学习路线。

---

① Few S，Edge P. Save the pies for dessert[J]. Visual business intelligence newsletter，2007: 1-14.

（二）优化扇形统计图的教学设计

本研究的数据指出，扇形统计图是小学生学习统计的薄弱环节。已有研究表明，扇形统计图包含最多的元素，可以从弧度、角度、面积等多个维度获取信息，是最难掌握的统计图。

这就需要教师重视扇形统计图的教学，优化教学设计，提升教学质量。针对扇形统计图的本质，带领学生分析扇形统计图的特征，通过活动带领学生感受到扇形统计图的产生过程和实际意义，并把扇形统计图和其他统计图表联系起来。教师可以设计合适的场景，让学生选择不同的统计图进行数据描述，从而分析不同统计图表的特点。教学中还可以主动尝试引入增大半径、拆散以及非圆形的扇形统计图“变形”实例，对照非传统教学事例，引导学生分析在扇形统计图中最关键的量是角度，而非面积或弧长，纠正学生的迷思概念，进而加强学生的数据意识，为培养学生的数据观念做准备。由于扇形统计图设计在小学六年级下册，学生面临着小升初，六年级教学时间相对紧张。因此，导致扇形统计图的学习时间相对不足。而统计内容在小学测试中往往相对简单，不会出现一些“拔高”类的题目，这些都可能导致当前教学中对扇形统计图的重视度不足。

（三）探讨小学统计知识点的教学顺序

本研究在抽取了小学教科书中的常见统计知识点，同时还纳入了频数分布直方图。本次研究显示学生对频数分布直方图掌握效果较好。目前频数分布直方图大多在初一数学讲授。本研究还发现学生对扇形统计图的掌握概率较低。那么两个知识点是否存在互换位置的可能性？

频数分布直方图放在初一的主要目的之一是为频率分布直方图服务。但频数分布直方图同时也是直方图的后续，也可以和折线统计图的学习相融合，在小学数学中也有涉及，因此在小学统计教学中存在调整空间。

此外，本研究还发现学生对折线统计图的掌握要优于对统计表的掌握。已有研究也说明比起统计表，学生更喜欢统计图。从统计表到统计图，大量的个体信息被舍弃，而获得了集体特征，从统计表到统计图，大量的个体信息被舍弃，而获得了集体特征。这一过程同时也是一个信息提取和优化的过程。统计图对信息的呈现更加直接明了、生动形象。那么是否可以将简单的统计图学习位置前置，如折线统计图的学习位置和平均数的学习位置互换，或将折线图提前至与简单统计表同时学习，是一个值得研究的问题。研究的数据表明，对经验性学习者来说，折线统计图甚至可以作为统计图表教学的起始知识。此外，学生在低学段的阅读能力和理解能力较差，有时不能从文字中获取足够的信息，而统计图并不需要过多的文字，有助于学生从图形中直接获得信息。若尝试先学习折线统计图，可以利用天气预报，班级小组评比等学生已有一定认识的实例让学生发现数据的变化特征。其间可以让学生学习统计表的制作过程，但由于统计表不是主要目的，可以不对细节进行要求。两者对照，感受“整体”的直观感却伴随着“个体”信息的丢失，再反过来细致地完善学习象形统计表、简单统计表。

综上所述，各项统计图、统计表、统计量的学习顺序值得进一步探讨。

（四）加强对构建学习进阶理论的重视

学习进阶理论不止包括学生学习知识的次序，它还含有更丰富的内涵。学习进阶不仅能够显示学生的思维过程，也能揭示学生个体认知结构不断完善的全部途径。学习进阶路线图还是智慧化教学的技术基础。中国台湾地区基于CD-CAT技术开发了因材网，基于网站收集的大数据，因材网建立了适合学生的初等教育知识点星空图①，显示出了学生学习知识的多样化路线，可以为学生学习提供实时的指导。

此外，学习进阶理论可以把课程设置、教学实践和学生学习统一起来。目前我国科学、地理、化学等学科单一领域的学习进阶研究更为丰富，但与学科融合的学习进阶研究相对较少。目前，在世界范围内，学习进阶不仅在教育研

① 朱哲民，张华华. 认知诊断自适应测试的应用与展望[J]. 中国考试，2021(01): 41-46.

究中逐步展开，也已经作为重要指导思想，开始进入课程指导文件中[①②]。

（五）研究建议

1. 整合扩充基于认知诊断的已有学习进阶方法

目前，应用于教育领域的学习进阶方法多种多样，包括个性化学习路径设计、自适应学习系统、反转课堂等。这些方法各有优势，如个性化路径设计能根据学生的学习状况提供定制化的学习内容；自适应学习系统通过实时反馈调整学习难度和内容；反转课堂则优化了课堂结构，增加了学生的参与度。

在当前教育技术的快速发展背景下，基于认知诊断的学习进阶方法显示出巨大的潜力和应用价值。认知诊断不仅能够帮助教师了解学生的具体知识掌握情况，而且还能针对学生的个别差异提供定制化的教学策略。现有基于认知诊断的学习进阶研究正处于蓬勃发展阶段。

目前基于认知诊断的学习进阶研究分为两种：第一种是基于学生掌握概率的学习进阶。其前提假设是学生掌握概率低的知识较难，学生掌握概率高的知识比较简单。并且最佳学习进阶路线是先掌握比较容易的知识，后掌握比较难的知识。但是，完全参照知识难度并不科学，因此需要探讨知识内部逻辑关系。第二种是基于学生掌握模式的学习进阶。其前提假设是在掌握相同数量知识的模式中，频数最多的掌握模式是学生最常见的掌握模式，也是最契合的掌握模式。但在现实操作中，有时某个数量知识的掌握模式可能出现空缺；此外，出现频数较少的知识掌握模式是因为掌握模式不合理，还是说掌握了这种模式后会快速地跃迁到下一个掌握模式，这些都需要论证。

以上两种思路是常用的学习进阶构建方法，两种方法各有特点。未来应通过整合并扩充基于认知诊断的学习进阶方法，构建一个更加科学的学习进阶构建方法，从而创设高效、互动与个性化的教学环境。这不仅能够提升学生的学

---

① National Research Council. A framework for K-12 science education: Practice, crosscutting concepts, and core ideas[M]. Washington: The National Academies Press, 2012:15-33.

② National Research Council. Taking science to school: Learning and teaching science in grades K-8[M]. Washington: The National Academies Press, 2007:213-251.

习效率，也将促进教育资源的合理利用和教育质量的整体提升。未来的研究应当关注方法的创新整合和实践效果的持续评估，以不断推动教育技术向前发展。

2. 注意基于认知诊断模型的数据解释

认知诊断模型（CDM）是理解学生学习状态的重要工具，它通过分析学生在具体知识点上的掌握情况，揭示学生学习的强项和弱点。常见的认知诊断模型如属性层次模型（AHM）、确定性输入噪声门控模型（DINA）等，能够提供对学生知识状态的精确描述，并据此指导教学。

在现有的教育学研究领域中，学者们主要集中于模型估计的成果，而对于不同模型之间的差异往往缺乏足够的关注。目前，在教育统计模型的应用中，模型选择几乎成为对这些模型进行区分和应用的唯一手段。事实上，模型选择不仅仅反映了数据拟合的效果，同样也体现了统计方法对于学生答题行为的解释能力。因此，未来的研究在执行模型选择的过程中，应当增加对不同模型解释性的重视，以推动教育学研究的深度和精准度。

综上，关注学习进阶研究，扩大学习进阶研究范畴，多学科合作，获得学生在不同学科不同年级、不同知识模块下的知识路线，点亮知识的“星空图”，不仅有助于学生更快更好地建立知识体系。还可以为未来课标制定、教材编写提供依据，为未来智慧化教学提供数据支撑，具有十分重要的理论意义和现实意义。

四、创新之处

本研究的创新之处在于将认知诊断理论引入小学统计知识的学习进阶构建过程中。本研究不仅响应了当前科技发展的基本需求，同时也符合数学教育发展的趋势。在大数据时代，统计知识的学习与应用成为科学研究和生产实践的基本要求。因此，本研究关注于统计知识的学习进阶，旨在通过创新的理论和实践手段，为学习者提供更有效、更系统的统计学习途径，同时扩充和丰富现有的学习进阶理论。本研究通过关注统计知识的学习进阶和扩充已有的学习进阶理论，不仅增强了统计教育的效果和吸引力，也为学习进阶理论的发展提供了新的视角和实践证据。展望未来，这些创新点有望推动更广泛的教育改革，特别是在面向数据科学和量化分析技能的教育领域。

五、不足与展望

（一）样本数量仍可扩充

本研究期望使用认知诊断技术获得我国小学生统计知识学习进阶路线。为此需要进行全国范围内的抽样。尽管本研究从 12 个省市进行了抽样，但对内蒙古、新疆等自治区没有抽取样本。此外，受客观因素影响，在学校选择中部分依据了目的性抽样和方便性抽样。原则上，针对全国 31 个省级行政区进行分层抽样，在每个省市区分不同层次的学校进行随机抽样更加具有代表性。但受研究者目前的经济状况和身份限制，无法进行更加科学的抽样。在今后的研究中，将加大样本量，进行更加科学合理的抽样。

（二）本研究只测评一个年级

本研究对学习进阶路线的研究基于测试题目，但是测试效果可能会受到课本中教学内容和教学顺序的影响。为最大限度地抵消这一影响，本研究选择了六年级学生作为研究对象。这种研究方法的优势是可以最大化地看出学生的学习进阶路线，寻找到多样化、个性化的学习进阶路线，能够展望学生未来补充知识的途径。但此类方法无法给出不同年级的学生的学习进阶路线。本研究没有给 1 ～ 6 年级进行逐一测试，一方面是因为统计知识不像数学知识那样晦涩，学生可以在生活经验中习得。因此，单纯地考虑某个年级学生掌握了统计知识点的哪一部分，可能会得到多种多样的结果。另一方面是从研究范式上看，TIMSS、PISA 等测试都选择这种方式，因此本研究符合已有范式。在未来的研究中，可以针对本研究构建的学习进阶路线，逐一观察不同年级学生的学习特征，通过纵向研究扩充本研究的结论。

（三）评价方法有待进一步完善

目前，国际上教育测量理论已经发展到了第四代。第一代是经典测量理论，第二代是概化理论，第三代是项目反应理论，第四代是认知诊断理论。本研究使用了认知诊断模型作为研究工具。认知诊断是目前国际上最新的、第四代教育测量方法。但认知诊断的理论也在不断完善，除了 1，0 这种两级赋分方法外，多级赋分方法也被开发出来。与此同时，通过数据链接的方式，还可以把短测验组合成长测验，增加测验长度，从而提升估计的准确性。以及使用 person-fit 方法提出异常反应清晰数据等。这些新的方法都需要一一学习和掌握。未来将努力学习新的工具，新的方法，不断优化本研究。

参考文献

中文论文

[1] 苗丹民. 关于儿童比和比例概念发展的研究(综述)[J]. 心理学动态, 1991(1): 18-23.

[2] 王文博. 面向21世纪中国高等统计教育发展的基本趋势与战略选择 [J]. 统计与信息论坛, 2000(02): 10-13.

[3] 王文静. 维果茨基"最近发展区"理论对我国教学改革的启示 [J]. 心理学探新, 2000, 20(2): 17-20.

[4] 戴海崎, 张青华. 规则空间模型在描述统计学习模式识别中的应用研究 [J]. 心理科学, 2004(04): 949-951+948.

[5] 史宁中, 孔凡哲, 秦德生. 统计的意义、思想、方法及期课程教学设计——数学教育热点问题系列访谈录之二 [J]. 小学青年教师, 2005(04): 4-6

[6] 史宁中, 孔凡哲, 秦德生等. 中小学统计及其课程教学设计——数学教育热点问题系列访谈之二 [J]. 课程. 教材. 教法, 2005(06): 45-50.

[7] 刘声涛, 戴海崎, 周骏. 新一代测验理论——认知诊断理论的源起与特征 [J]. 心理学探新, 2006(04): 73-77.

[8] 史宁中. 统计的基本思想与方法及其课程教学设计[J]. 湖南教育(数学教师), 2008, No. 560(01): 15-17.

[9] 杨淑群, 蔡声镇, 丁树良, 林海菁, 丁秋林. 求解简化Q矩阵的扩张算法[J]. 兰州大学学报(自然科学版), 2008, 3, 87-92.

[10] 史宁中，张丹，赵迪．“数据分析观念”的内涵及教学建议——数学教育热点问题系列访谈之五［J］．课程·教材·教法，2008(06)：40-44．

[11] 黄燕萍．日本《小学数学学习指导要领》内容结构的调整与变化［J］．课程·教材·教法，2009(04)：89-93．

[12] 李峰，余娜，辛涛．小学四、五年级数学诊断性测验的编制——基于规则空间模型的方法［J］．心理发展与教育，2009，25(03)：113-118．

[13] 李俊．论统计素养的培养［J］．浙江教育学院学报，2009(01)：10-16．

[14] 游明伦．对统计素养及其培养的理性思考［J］．统计与决策，2010(12)：2+189．

[15] 范文贵，李伟华．美国《州共同核心数学标准》中“统计与概率”内容解读［J］．数学通报，2011，50(10)：7-11．

[16] 吴骏．小学四年级学生对平均数概念理解的发展过程［J］．数学教育学报，2011，20(03)：39-41+102．

[17] 袁卫．政府统计与统计教育［J］．统计研究，2012，29(08)：18-23．

[18] 喻晓锋，丁树良，秦春影等．贝叶斯网在认知诊断属性层级结构确定中的应用［J］．心理学报，2011，43(03)：338- 346．

[19] 张敏强，简小珠，陈秋梅．规则空间模型在瑞文智力测验中的认知诊断分析［J］．心理科学，2011，34(02)：266- 271．

[20] 丁树良，罗芬，汪文义．***Q*** 矩阵理论的扩展［J］．心理学探新，2012，5，417-422．

[21] 丁树良，王文义，罗芬．认知诊断中 ***Q*** 矩阵和 ***Q*** 矩阵理论［J］．江西师范大学学报(自然科学版)2012，5，441-445．

[22] 刘曌，杨光伟，唐恒钧．中日两国小学数学课程统计与概率的比较研究［J］．数学教育学报，2013，22(3)：63-66．

[23] 郭玉英，姚建欣，张静．整合与发展——科学课程中概念体系的建构及其学习进阶［J］．课程·教材·教法，2013，33(02)：：44-49．

[24] 李佳涛，王静，崔鸿．以“学习进阶”方式统整的美国科学教育课程——基于《K-12 科学教育框架》的分析［J］．外国教育研究，2013，40(05)：20-26．

[25] 郭玉英，姚建欣，彭征．美国《新一代科学教育标准》述评 [J]．课程·教材·教法，2013，33(08)：118-127．

[26] 李俊，黄华．PISA 与上海中考对统计素养测评的比较研究 [J]．上海教育科研，2013(12)：39-42．

[27] 蔡庆友，宋乃庆．中日韩小学数学教材内容的对比研究 [J]．课程·教材·教法，2014(7)：114-120．

[28] 吴骏，赵锐．基于 HPM 的教师教学需要的统计知识调查研究 [J]．数学通报，2014，53(05)：15-18+23．

[29] 王磊，黄鸣春．科学教育的新兴研究领域：学习进阶研究 [J]．课程·教材·教法，2014，34(01)：112-118．

[30] 肖丹．基于《示范核心教学标准》的美国中小学教师学习进阶 [J]．教师教育学报，2014，1(05)：21-28．

[31] 史宁中．大数据与小学数学教育 [J]．人民教育，2014，(23)：36-39．

[32] 罗照盛，喻晓锋，高椿雷，等．基于属性掌握概率的认知诊断计算机化自适应测验选题策略 [J]．心理学报，2015，47(05)：679-688．

[33] 孟生旺，袁卫．大数据时代的统计教育 [J]．统计研究，2015，32(04)：3-7．

[34] 罗照盛，李喻骏，喻晓锋，高椿雷，等．一种基于 ***Q*** 矩阵理论朴素的认知诊断方法 [J]．心理学报，2015，47(02)：264-272．

[35] 皇甫倩，常珊珊，王后雄．美国学习进阶的研究进展及启示 [J]．外国中小学教育，2015，No．272(08)：53-59+52．

[36] 皇甫倩．基于学习进阶的教师 PCK 测评工具的开发研究 [J]．外国教育研究，2015，42(04)：96-105．

[37] 巩子坤，何声清．7-14 岁儿童的独立随机序列认知发展 [J]．教育导刊，2016，(12)：36-41．

[38] 宋丽红，汪文义，戴海琦等．认知诊断模型下整体和项目拟合指标 [J]．心理学探新，2016，36(01)：79-83．

[39] 李勇，章建跃，张淑梅，等．全国重点高中数学教师概率统计知识储备现状调查 [J]．数学通报，2016，55(09)：1-9．

[40] 李春艳. 中学地理课程中的概念建构与学习进阶 [J]. 课程 · 教材 · 教法, 2016, 36(04): 38-43.

[41] 郭玉英, 姚建欣基于核心素养学习进阶的科学教学设计 [J]. 课程·教材·教法, 2016, 36(11): 64-70.

[42] 赵彦云. 加速开拓统计学的应用价值——中国统计教育回顾与展望 [J]. 统计与信息论坛, 2016(06).

[43] 巩子坤, 何声清 7-14 岁儿童随机分布认知发展研究 [J]. 宁波大学学报(教育科学版), 2017, 39(02): 1-6.

[44] 史宁中. 统计学与数学的区别 [J]. 新课程教学(电子版), 2017(05): 39.

[45] 何声清, 巩子坤. 6-14 岁儿童概率概念学习进阶 [J]. 课程 · 教材 · 教法, 2017, 37(11): 61-67.

[46] 李化侠, 宋乃庆, 杨涛. 大数据视域下小学统计思维的内涵与表现及其价值 [J]. 数学教育学报, 2017, 26(01): 59-63.

[47] 史宁中. 学科核心素养的培养与教学——以数学学科核心素养的培养为例 [J]. 中小学管理, 2017(01): 35-37.

[48] 汪文义, 宋丽红, 丁树良. 分类视角下认知诊断测验项目区分度指标及应用 [J]. 心理学, 2018, 41(02): 475-483.

[49] 魏昕, 郭玉英 与学习进阶相适宜的科学探究课程方案述评 [J]. 课程 教材 教法, 2018, 38(03): 139-143.

[50] 李淑文, 史宁中. 日本新订小学数学学习指导要领述评 [J]. 课程·教材·教法, 2018(09).

[51] 弭乐, 郭玉英概念学习进阶与科学论证整合的教学设计研究 [J]. 课程教材教法, 2018, 38(05): 90-98.

[52] 刘久成. 小学数学"简易方程"内容量化分析——基于人教版三套教科书的比较 [J]. 课程. 教材. 教法, 2019, 39(08): 72-78.

[53] 李化侠. 学习进阶视角下小学生统计思维发展水平研究 [J]. 数学教育学报, 2019, 28(06): 55-60.

[54] 涂冬波, 张咏. 基于认知诊断的自适应学习材料智能推送算法研究 [J].

江西师范大学学报(自然科学版),2020,44(01):20-27.

[55] 武小鹏,张怡,张晨璐.核心素养的认知诊断测评体系建构[J].现代教育技术,2020,30(02):42-49.

[56] 朱哲民,张华华.认知诊断自适应测试的应用与展望[J].中国考试,2021(01):41-46.

[57] 高旭亮,王芳,龚毅.多级计分认知诊断计算机化自适应测验的新选题方法[J].心理科学,2021,44(03):728-736.

[58] 罗芬,王晓庆,蔡艳,等.基于 Gini 指数的认知诊断计算机化自适应选题策略[J].心理科学,2021,44(02):440-448.

[59] 李健,李海东.情境在现实问题解决中的作用——基于 5 套人教版初中数学教科书的纵向比较[J].数学教育学报,2021,30(04):30-34+40.

[60] 姜浩哲.我国传统数学文化融入教科书的价值、现状与展望——以人教版小学数学教科书为例[J].课程.教材.教法,2021,41(01):98-104.

[61] 刘久成,孙京京,邵静仪等.小学数学教材难度研究——基于人教版三套教材的对比分析[J].课程.教材.教法,2022,42(11):120-126.

[62] 巩子坤,周心怡,许佳敏等.学习进阶:研究程序与研究范式[J].小学教学(数学版),2022(Z1):37-41.

[63] 张军霞.科学教材编写应回到原点[J].课程·教材·教法,2022,42(06):147-153.

[64] 徐文彬,吴雨霜,蒋苏杰等.小学数学教科书中“可能性”主题内容的分析与比较——以人教版、北师版和苏教版教科书为例[J].天津师范大学学报(基础教育版),2023,24(02):32-38.

[65] 张莉,伊晓美.新世纪以来小学数学教科书中“分数”习题难度分析——以 3 套人教版为例[J].数学教育学报,2023,32(01):47-54.

[66] 巩子坤,程玲,陈影杰.小学生比例推理学习进阶模型的构建[J].数学教育学报,2022,31(05):48-53+64.

英文论文

[1] Eells W C. The relative merits of circles and bars for representing component parts[J]. Journal of the American Statistical Association, 1926, 21(154): 119-132.

[2] Lord F. A theory of test scores[J]. Psychometric monographs, 1952: 1-6.

[3] Gulliksen H. Measurement of learning and mental abilities[J]. Psychometrika, 1961, 26(1): 93-107.

[4] Yost P, Siegel A E, Andrews J N. Non-verbal probability judgement by young children[J]. Child Development, 1962, 33: 769-780

[5] Piaget J. Part I: Cognitive development in children: Piaget development and learning[J]. Journal of research in science teaching, 1964, 2(3): 176-186.

[6] Birnbaum A. Some latent trait models and their use in inferring an examinee's ability[J]. Statistical theories of mental test scores, 1968.

[7] Akaike H. A new look at the statistical model identification[J]. IEEE transactions on automatic control, 1974, 19(6): 716-723.

[8] Schwarz G. Estimating the dimension of a model[J]. The annals of statistics, 1978: 461-464.

[9] Cleveland W S, Cleveland W S. A color-caused optical illusion on a statistical graph[J]. The American Statistician, 1983, 37(2): 101-105.

[10] Mevarech Z R. A deep structure model of students' statistical misconceptions[J]. Educational studies in mathematics, 1983, 14(4): 415-429.

[11] Cleveland W S, McGill R. Graphical perception: Theory, experimentation, and application to the development of graphical methods[J]. Journal of the American statistical association, 1984, 79(387): 531-554.

[12] Tatsuoka K K. Caution indices based on item response theory[J]. Psychometrika, 1984, 49(1), 95-110.

[13] Embretson S. A general latent trait model for response processes[J].

Psychometrika, 1984, 49(2) : 175–186.

[14] Carpenter T P, Moser J M. The acquisition of addition and subtraction concepts in grades one through three[J]. Journal for research in Mathematics Education, 1984, 15(3) : 179–202.

[15] Drasgow F, Levine M V, Williams E A. Appropriateness measurement with polychotomous item response models and standardized indices[J]. British Journal of Mathematical and Statistical Psychology, 1985, 38(1) : 67–86.

[16] Monmonier M. Semiology of Graphics : Diagrams, Networks, Maps[M]. Esri Press, 1985.

[17] Mackinlay J. Automating the design of graphical presentations of relational information[J]. Acm Transactions On Graphics (Tog), 1986, 5(2) : 110–141.

[18] Sijtsma K. A coefficient of deviance of response patterns[J]. Kwantitatieve Methoden, 1986, 7(22) : 131–145.

[19] Cleveland W S. Research in statistical graphics[J]. Journal of the American Statistical Association, 1987, 82(398) : 419–423.

[20] Strauss S, Bichler E. The development of children's concepts of the arithmetic average[J]. Journal for Research in Mathematics Education, 1988, 19(1) : 64–80.

[21] Haertel E H. Using restricted latent class models to map the skill structure of achievement items[J]. Journal of Educational Measurement, 1989, 26(4) : 301–321.

[22] Hagenaars, J. A.. Categorical Longitudinal Data : Log-linear Panel, Trend, and Cohort Analysis[J]. Thousand Oaks : Sage, 1990.

[23] English L D. Young children's combinatoric strategies[J]. Educational studies in Mathematics, 1991, 22(5) : 451–474.

[24] Lecoutre M-P. Cognitive models and problem spaces in "purely random" situations [J]. Educational Studies in Mathematics, 1992, 23 : 557–568.

[25] Hancock C, Kaput J J, Goldsmith L T. Authentic inquiry with data : Critical

barriers to classroom implementation[J]. Educational Psychologist，1992，27(3)：337-364.

[26] English L D. Children's Strategies for Solving Two-and Three-Dimensional Combinatorial Problems[J]. Journal for research in Mathematics Education，1993，24(3)：255-273.

[27] Gal I G，insburg L. The Role of Beliefs and Attitudes in Learning Statistics：Towards an Assessment Framework[J]. Journal of Statistics Education，1994，2(2).

[28] Batanero C，Godino J，Green D et al. Errors and Difficulties in Understanding Introductory Statistical Concepts[J]. International Journal of Mathematical Education in Science and Technology，1994. 25 (4)，527-547.

[29] Meijer R R. The number of Guttman errors as a simple and powerful person-fit statistic[J]. Applied Psychological Measurement，1994，18(4)：311-314.

[30] Tatsuoka K K. Architecture of knowledge structures and cognitive diagnosis：A statistical pattern recognition and classification approach[J]. Cognitively diagnostic assessment，1995：327-359.

[31] Mokros J，Russell S J. Children's concepts of average and representativeness[J]. Journal for research in Mathematics Education，1995，26(1)：20-39.

[32] Moore D S，Cobb G. W，Garfield，J. et al. Statistics Education Fin De Siècle[J]. The American Statistician，1995，49(3)，250-260.

[33] Garfield，J. How Students Learn Statistics[J]. International Statistical Review，1995，63(1)，25-34.

[34] Meijer R R. Person-fit research：An introduction[J]. Applied Measurement in Education，1996，9(1)：3-8.

[35] Moore D S. New Pedagogy and New Content：The Case of Statistics[J]. International Statistical Review，1997，65(2)，123-165.

[36] Griffin S，Case R. Re-thinking the primary school math curriculum：An

approach based on cognitive science[J]. Issues in Education, 1997, 3(1), 1-49.

[37] Cai J. Exploring students' conceptual understanding of the averaging algorithm[J]. School Science and Mathematics, 1998, 98(2): 93-98.

[38] Steen L A. Why numbers count: Quantitative literacy for tomorrow's America[J]. NASSP Bulletin, 1998, 82(600): 120-122.

[39] Van der Linden W J, Scrams D J, Schnipke D L. Using response-time constraints to control for differential speededness in computerized adaptive testing[J]. Applied psychological measurement, 1999, 23(3): 195-210.

[40] Maris E. Estimating multiple classification latent class models[J]. Psychometrika 1999, 64, 187–212.

[41] Cai J. Understanding and representing the arithmetic averaging algorithm: An analysis and comparison of US and Chinese students' responses[J]. International Journal of Mathematical Education in Science and Technology, 2000, 31(6): 839-855.

[42] Junker B. W, and Sijtsma K. Cognitive assessment models with few assumptions, and connections with nonparametric item response theory[J]. Appl. Psychol. Meas. 2001, 25, 258–272.

[43] Meijer R R, Sijtsma K. Methodology review: Evaluating person fit[J]. Applied psychological measurement, 2001, 25(2): 107-135.

[44] Beattie V, Jones M J. The impact of graph slope on rate of change judgments in corporate reports[J]. Abacus, 2002, 38(2): 177-199.

[45] Gelman A, Pasarica C, Dodhia R. Let's practice what we preach: turning tables into graphs[J]. The American Statistician, 2002, 56(2): 121-130.

[46] Van Der Linden W J, van Krimpen-Stoop E M L A. Using response times to detect aberrant responses in computerized adaptive testing[J]. Psychometrika, 2003, 68: 251-265.

[47] Konold C, Higgins T. Reasoning about data[J]. A research companion to

principles and standards for school mathematics，2003，193215.

[48] Meijer R R. Diagnosing item score patterns on a test using item response theory-based person-fit statistics[J]. Psychological Methods，2003，8(1)：72.

[49] Karabatsos G. Comparing the aberrant response detection performance of thirty-six person-fit statistics[J]. Applied Measurement in Education，2003，16(4)：277-298.

[50] Bakker A. The early history of average values and implications for education[J]. Journal of Statistics Education，2003，11(1).

[51] Bakker A，Biehler R，Konold C. Should young students learn about box plots[J]. Curricular development in statistics education：International Association for Statistical Education，2004：163-173.

[52] Ben-Zvi D，Garfield J. Statistical literacy，reasoning，and thinking：Goals，definitions，and challenges[J]. The challenge of developing statistical literacy，reasoning and thinking，2004，66：3-15.

[53] Leighton J P，Gierl M J，Hunka S M. The attribute hierarchy method for cognitive assessment：A variation on Tatsuoka's rule - space approach[J]. Journal of educational measurement，2004，41(3)：205-237.

[54] Clements D H，Wilson D C，Sarama J. Young children's composition of geometric figures：A learning trajectory[J]. Mathematical Thinking and Learning，2004，6(2)：163-184.

[55] Tatsuoka K K，Corter J E，Tatsuoka C. Patterns of diagnosed mathematical content and process skills in TIMSS-R across a sample of 20 countries[J]. American educational research journal，2004，41(4)：901-926.

[56] Clements D H，Sarama，J. Learning trajectories in mathematics education[J]. Math. Think. Learn. 2004(6)，81–89.

[57] Catley K，Lehrer R，Reiser B. Tracing a prospective learning progression for developing understanding of evolution[J]. Paper Commissioned by the National Academies Committee on test design for K-12 Science achievement，2005，67.

[58] Smith C L, Wiser M, Anderson C W etal. Implications of research on children's learning for standards and assessment : A proposed learning progression for matter and the atomic-molecular theory[J]. Measurement Interdisciplinary Research & Perspectives, 2006, 4(1-2) : 1-98.

[59] DiBello L V, Roussos L A, Stout W. 31a review of cognitively diagnostic assessment and a summary of psychometric models[J]. Handbook of statistics, 2006, 26: 979-1030.

[60] Templin J. L., Henson R A. Measurement of psychological disorders using cognitive diagnosis models[J]. Psychological Methods, 2006, 11(3), 287-305.

[61] Rossman A, Chance B, Medina E. Some important comparisons between statistics and mathematics, and why teachers should care[J]. Thinking and reasoning with data and chance, 2006, 1 : 323.

[62] Templin J. L, Henson, R. A Measurement of psychological disordersusing cognitive diagnosis models[J]. Psychol. Methods 2006, 11, 287–305.

[63] Rossman A, Chance B, Medina E. Some important comparisons between statistics and mathematics, and why teachers should care[J]. Thinking and reasoning with data and chance, 2006, 1 : 323.

[64] Garfield J, Ben-Zvi D. How Students Learn Statistics Revisited : A Current Review of Research on Teaching and Learning Statistics[J]. International Statistical Review, 2007, 75(3), 372- 396.

[65] Few S, Edge P. Save the pies for dessert[J]. Visual business intelligence newsletter, 2007: 1-14.

[66] Lowrie T, Diezmann C M. Solving graphics problems : Student performance in junior grades[J]. The Journal of Educational Research, 2007, 100(6) : 369-378.

[67] Roussos LA, DiBello LV, Stout W, Hartz SM, Henson RA, Templin JL. The fusion model skills diagnosis system. Cognitive diagnostic assessment for education : Theory and applications[J]. 2007.

[68] Gierl M J, Leighton J P, Hunka S M. Using the attribute hierarchy method to make diagnostic inferences about examinees' cognitive skills[J]. 2007.

[69] Gierl M J. Making diagnostic inferences about cognitive attributes using the rule - space model and attribute hierarchy method[J]. Journal of educational measurement, 2007, 44(4) : 325–340.

[70] Kastellec J P, Leoni E L. Using graphs instead of tables in political science[J]. Perspectives on politics, 2007, 5(4) : 755–771.

[71] Franklin C, Kader G, Mewborn D, et al. Guidelines for assessment and instruction in statistics education (GAISE) report[J]. 2007.

[72] von Davier M. A general diagnostic model applied to language testing data[J]. British Journal of Mathematical and Statistical Psychology, 2008, 61(2) : 287–307.

[73] Dogan E, Tatsuoka K. An international comparison using a diagnostic testing model : Turkish students' profile of mathematical skills on TIMSS–R[J]. Educational Studies in Mathematics, 2008, 68 : 263–272.

[74] Zieffler A, Garfield J, Alt S, et al. What does research suggest about the teaching and learning of introductory statistics at the college level? A review of the literature[J]. Journal of Statistics Education, 2008, 16(2).

[75] Henson R A, Templin JL, Willse, J T. Defining a family of cognitive diagnosis models using log–linear models with latent variables[J]. Psychometrika, 2009, 74(2), 191.

[76] Diezmann C M, Lowrie T. The role of fluency in a mathematics item with an embedded graphic : Interpreting a pie chart[J]. ZDM, 2009, 41 : 651–662.

[77] Diezmann C M, Lowrie T. The role of fluency in a mathematics item with an embedded graphic : nterpreting a pie chart[J]. International Journal on Mathematics Education, 2009, 41 : 651–662.

[78] Alonzo A C, Steedle JT. Developing and assessing a force and motion learning progression[J]. Science Education, 2009, 93(3) : 389–421

[79] Duncan R G, Hmelo - Silver C E. Learning progressions : Aligning curriculum, instruction, and assessment[J]. Journal of Research in Science

Teaching : The Official Journal of the National Association for Research in Science Teaching, 2009 , 46(6) : 606-609.

[80] Meng X L. Desired and Feared—What Do We Do Now and Over the Next 50 Years?[J] The American Statistician. 2009 , 63(3), 202-210.

[81] Allen R A, Folkhard A, Abram B, et al. Statistics for the biological and environmental sciences : improving service teaching for postgraduates[J]. Journal of Statistical Education, 2010.

[82] Mohan L, Chen J, Anderson C W. Developing a multi-year learning progression for carbon cycling in socio-ecological systems[J]. Journal of Research in Science Teaching, 2010 , 46(6) : 675-698.

[83] Stevens S Y, Delgado C, Krajcik J S. Developing a hypothetical multi-dimensional learning progression for the nature of matter[J]. Journal of Research in Science Teaching, 2010 , 47(6) : 687-715.

[84] Daro P, Mosher F A, Corcoran T B. Learning trajectories in mathematics : A foundation for standards, curriculum, assessment, and instruction[J]. 2011.

[85] DeCarlo L T. On the analysis of fraction subtraction data : The DINA model, classification, latent class sizes, and the Q-matrix[J]. Applied Psychological Measurement, 2011 , 35(1) : 8-26.

[86] Oliveri M E, Davier M V. Investigation of model fit and score scale comparability in international assessments[J]. Psychological Test and Assessment Modeling, 2011 , 53(3) : 315-333.

[87] Empson S B. On the idea of learning trajectories : Promises and pitfalls[J]. The Mathematics Enthusiast, 2011 , 8(3) : 571-596.

[88] Gelman A. Why tables are really much better than graphs[J]. Journal of Computational and Graphical Statistics, 2011 , 20(1) : 3-7.

[89] de la Torre, J. The generalized DINA model framework[J]. Psychometrika 2011 , 76 , 179–199.

[90] Kunina-Hubenicht O, Rupp A A, Wilhelm O. The Impact of Model.

Misspecification on Parameter Estimation. and Item - Fit Assessment in Log-Linear Diagnostic Classification Models[J]. Journal of Educational Measurement, 2012, 49(1): 59-81.

[91] Barrett J E, Sarama J, Clements D H, et al. Evaluating and Improving a Learning Trajectory for Linear Measurement in Elementary Grades 2 and 3: A Longitudinal Study[J]. Mathematical Thinking & Learning, 2012, 14(1): 28-54.

[92] Vrieze S I. Model selection and psychological theory: a discussion of the differences between the Akaike information criterion (AIC) and the Bayesian information criterion (BIC)[J]. Psychological methods, 2012, 17(2): 228.

[93] Templin J, Bradshaw L. Measuring the reliability of diagnostic classification model examinee estimates[J]. Journal of Classification, 2013, 30(2): 251-275.

[94] Templin J, Bradshaw L. Hierarchical diagnostic classification models: A family of models for estimating and testing attribute hierarchies[J]. Psychometrika, 2014, 79: 317-339.

[95] Jones D L, Jacobbe T. An analysis of the statistical content in textbooks for prospective elementary teachers[J]. Journal of Statistics Education, 2014, 22(3).

[96] Bradshaw L, Izsák A, Templin J, et al. Diagnosing teachers' understandings of rational numbers: Building a multidimensional test within the diagnostic classification framework[J]. Educational measurement: Issues and practice, 2014, 33(1): 2-14.

[97] Blanton M, Brizuela B M, Gardiner A M, et al. A learning trajectory in 6-year olds' thinking about generalizing functional relationships[J]. Journal for Research in Mathematics Education, 2015, 46(5): 511-558.

[98] Ravand H, Robitzsch A. Cognitive diagnostic modeling using R[J]. Practical Assessment, Research, and Evaluation, 2015, 20(1): 11.

[99] Chang Hua-Hua. Psychometrics behind computerized adaptive testing[J].

Psychometrika，2015，80(1)：1–20.

[100] Sedat Ş E N，Arican M. A diagnostic comparison of Turkish and Korean students' mathematics performances on the TIMSS 2011 assessment[J]. Journal of Measurement and Evaluation in Education and Psychology，2015，6(2).

[101] Ranjbaran F，Alavi S M. Developing a reading comprehension test for cognitive diagnostic assessment：A RUM analysis[J]. Studies in Educational Evaluation，2017，55：167–179.

[102] Blanton M，Brizuela B M，Gardiner A M，et al. A progression in first-grade children's thinking about variable and variable notation in functional relationships[J]. Educational Studies in Mathematics，2017，95(2)：181–202.

[103] Chen F，Yan Y，Xin T. Developing a learning progression for number sense based on the rule space model in China[J]. Educational Psychology，2017，37(2)：128–144.

[104] Fonger N L，Stephens A，Blanton，M，Developing a learning progression for curriculum，instruction，and student learning：An example from mathematics education[J]. Cognition and Instruction，2018，36(1)：30–55.

[105] Zhu Z，Wang C，Tao J. A Two-Parameter Logistic Extension Model：An Efficient Variant of the Three-Parameter Logistic Model[J]. Applied Psychological Measurement，2019，43(6)，449–463.

[106] Jia B，Zhang X，Zhu Z. A short note on aberrant responses bias in item response theory[J]. Frontiers in Psychology，2019，10：43.

[107] Wu X，Wu R，Chang H H，et al. International comparative study on PISA mathematics achievement test based on cognitive diagnostic models[J]. Frontiers in psychology，2020，11：2230.

[108] Koh H，Jang W，Yoo Y. On Validating Cognitive Diagnosis Models for the Arithmetic Skills of Elementary School Students[J]. International Journal of Advanced Computer Science and Applications，2021，12(12).

[109] Jia B，Zhu Z，Gao H. International Comparative Study of Statistics Learning Trajectories Based on PISA Data on Cognitive Diagnostic Models[J]. Frontiers in Psychology，2021，12.

[110] Shafipoor M，Ravand H，Maftoon P. Test-level and item-level model fit comparison of General vs. specific diagnostic classification models：A case of True DCM[J]. Language Testing in Asia，2021，11(1)：1-20.

[111] Zhu Z，Arthur D，Chang H H. A new person - fit method based on machine learning in CDM in education[J]. British Journal of Mathematical and Statistical Psychology，2022，75(3)：616-637.

[112] Wu X，Zhang Y，Wu R，et al. Cognitive model construction and assessment of data analysis ability based on CDA[J]. Frontiers in Psychology，2022，13：1009142..

[113] Kurnia A B，Lowrie T，Patahuddin S M. The development of high school students' statistical literacy across grade level[J]. Mathematics Education Research Journal，2023：1-29.

学位论文

[1] 宋玉连. 中学生对统计表的理解能力的研究[D]. 上海：华东师范大学，2005.

[2] 巴桑卓玛. 中小学生对统计的认知水平研究[D]. 长春：东北师范大学，2006.

[3] 范增. 我国高中物理核心概念及其学习进阶研究[D]. 重庆：西南大学，2013.

[4] 赵锐. 高中统计教学质量的案例研究[D]. 上海：华东师范大学，2013.

[5] 霍新安. 中日小学数学"图形与几何"领域内容难度的对比研究[D]. 重庆：西南大学，2014.

[6] 谢欢碧. 小学高年级学生统计图表理解水平研究[D]. 杭州：杭州师范大学，2015.

[7] 乔通."运动与相互作用"主题中的重要概念及其学习进阶研究[D].重庆:西南大学,2015.

[8] 王萍.中日小学一年级数学教材的比较研究[D].聊城:聊城大学,2018.

[9] 姜显光.高中化学反应限度学习进阶研究[D].长春:东北师范大学,2019.

[10] 李雪.中日小学数学教科书"统计与概率"领域对比研究[D].吉林:北华大学,2020.

[11] 武小鹏.八年级学生数学成就的认知诊断测评研究——基于中国四省(市)的TIMSS数据的分析[D].上海:华东师范大学,2020.

[12] 白胜南.中学生概率概念学习进阶的构建问题研究[D].长春:东北师范大学,2021.

[13] 李婷婷."物质粒子性"学习进阶及其在科学建模能力测评中应用的实证研究[D].长春:东北师范大学,2022.

[14] 李小峰.义务教育阶段学生"物质"核心概念学习进阶研究[D].长春:东北师范大学,2022.

[15] Bakker A. Design research in statistics education: On symbolizing and computer tools[D]. Freudenthal Institute, 2004.

[16] Sharma S. Statistical ideas of high school students: Some findings from Fiji[D]. New Zealand, Hamilton: Waikato University, 1997.

网络资源

[1] 教育部发展规划司.2022年全国教育事业发展基本情况[EB/OL].http://www.moe.gov.cn/fbh/live/2023/55167/sfcl/202303/t20230323_1052203.html,2023-5-4.

[2] C. Nussbaumer. Death to pie charts, [EB/OL]. https://www.storytelling with data.com/blog/2011/07/death-to-pie-charts.

[3] 中国城市报.31省区市上半年GDP数据全部出炉[EB/OL].https://www.thepaper.cn/newsDetail_forward_24055059

中文专著

[1] 皮亚杰. 发生认识论原理 [M]. 王宪钿，译. 北京：商务印书馆，1981：16-32.

[2] 吴文侃. 当代国外教学论流派 [M]. 福州：福建教育出版社，1990.

[3] 张奠宙. 数学教育学 [M]. 南昌：江西教育出版社，1991.

[4] 霍振化. 中学数学教育中几个为你的探索——陕西省中学数学教育研究十年成果概括 [M]. 冯守训. 中国基础教育教学研究(第一卷)，1993：1-5.

[5] 陈玉琨. 教育评价学 [M]. 北京：人民教育出版社，1999：71.

[6] 金娣，王刚. 教育评价与测量 [M]. 北京：教育科学出版社，2007：110.

[7] 辞海编辑委员会. 辞海 [M]. 上海：上海辞书出版社，2009：2912.

[8] 涂冬波，蔡艳，丁树良. 认知诊断理论、方法与应用 [M]. 北京：北京师范大学出版社，2012.

[9] 中华人民共和国教育部. 义务教育教科书(数学) [M]. 北京：人民教育出版社，2013.

[10] 鲍建生，徐斌艳. 数学教育研究导引(二) [M]. 南京：江苏教育出版社，2013.

[11] 郑毓信. 新数学教育哲学 [M]. 上海：华东师范大学出版社，2015.

[12] 汪文义，宋丽红. 教育认知诊断评估理论与技术研究 [M]. 北京：北京师范大学出版社，2015.

[13] 史宁中. 数形结合与数学模型：高中数学教学中的核心问题 [M]. 北京：高等教育出版社，2018.

[14] 涂冬波，蔡艳，高旭亮，汪大勋. 高级认知诊断 [M]. 北京：北京师范大学出版社，2019.

[15] 中华人民共和国教育部. 义务教育教科书(数学) [M]. 北京：人民教育出版社，2022.

标准类

[1] 中华人民共和国教育部. 全日制义务教育数学课程标准(实验稿) [S]. 北

京：北京师范大学出版社，2001.

［2］ 中华人民共和国教育部. 全日制义务教育数学课程标准(2001 年版)［S］. 北京：北京师范大学出版社，2002.

［3］ 中华人民共和国教育部. 普通高中数学课程标准(实验)［S］. 北京：人民教育出版社，2003.

［4］ 中华人民共和国教育部. 全日制义务教育数学课程标准(2011 年版)［S］. 北京：北京师范大学出版社，2012.

［5］ 中华人民共和国教育部. 全日制义务教育数学课程标准(2022 年版)［S］. 北京：北京师范大学出版社，2023.

［6］ 中华人民共和国教育部. 普通高中数学课程标准(2017 年版)［S］. 北京：人民教育出版社，2018.

［7］ Tatsuoka K K. Analysis of errors in fraction addition and subtraction problems［S］. Computer-based Education Research Laboratory，University of Illinois，1984.1

［8］ von Davier，M. A general diagnostic model applied to language testing data［S］. ETS Research Report Series，2005：1–35.

［9］ NGSS Lead States. Next generation science standards：For states，by states［S］. Washington：The National Academies Press，2013.

会议论文

［1］ Reading C，Pegg J. Exploiting understanding of data reduction［C］//PME CONFERENCE. THE PROGRAM COMMITTEE OF THE 18TH PME CONFERENCE，1996，4：4-187.

［2］ Verhoeven P. Statistics education in the Netherlands and Flanders：An outline of introductory courses at Universities and Colleges［C］//ICOTS-7 Conference Proceedings. 2006：60115-2828.

［3］ Schield M. Statistical literacy survey analysis：Reading graphs and tables of rates and percentages［C］//Proceedings of the Sixth International Conference on Teaching Statistics. Ciudad del Cabo：International Statistical Institute and International Association for Statistical Education，2006.

[4] Handbook of Statistics：Vol. 26. Psychometrics[C]. Amsterdam，the Netherlands：Elsevier，2007，26：979-1030.

[5] Merritt，J D，Krajcik，J，and Shwartz，Y. Development of a learning progression for the particle model of matter[C]//Proceeding of the 8th international conference for the learning science，2008.

[6] Kemp M，Kissane B. A five step framework for interpreting tables and graphs in their contexts[C]//8th International Conference on Teaching Statistics. International Association for Statistical Education，2010.

[7] Bertini E，Elmqvist N，Wischgoll T. Judgment error in pie chart variations[C]//Proceedings of the Eurographics/IEEE VGTC conference on visualization：Short papers. 2016：91-95.

[8] Battle L，Duan P，Miranda Z，et al. Beagle：Automated extraction and interpretation of visualizations from the web[C]//Proceedings of the 2018 CHI Conference on Human Factors in Computing Systems. 2018：1-8.

[9] Li P，Jiang X，Shatkay H. Extracting figures and captions from scientific publications[C]//Proceedings of the 27th ACM International Conference on Information and Knowledge Management. 2018：1595-1598.

[10] Siirtola H. The cost of pie charts[C]//2019 23rd International Conference Information Visualisation (IV). IEEE，2019：151-156.

[11] Lee C，Yang T，Inchoco G D，et al. Viral visualizations：How coronavirus skeptics use orthodox data practices to promote unorthodox science online[C]//Proceedings of the 2021 CHI conference on human factors in computing systems. 2021：1-18.

[12] Fan A，Ma Y，Mancenido M，et al. Annotating line charts for addressing deception[C]//Proceedings of the 2022 CHI Conference on Human Factors in Computing Systems. 2022：1-12.

英文专著

[1] Curcio F R. Developing Graph Comprehension. Elementary and Middle School Activities[M]. National Council of Teachers of Mathematics, Inc., 1906 Association Drive, Reston, VA 22091, 1989

[2] Cleveland W S. Visualizing data[M]. Hobart press, 1993.

[3] Hagenaars J A. Loglinear models with latent variables[M]. Sage, 1993.

[4] Frederksen N, et al.. Test theory for a new generation of tests[M]. Hillsdale NJ: LEA, 1993.

[5] International handbook of mathematics education[M]. Springer Science & Business Media, 1996.

[6] Biggs, teaching for quality learning at university[M]. England: Society for Research into Higher Education and Open University Press, 1999.

[7] Pellegrino J W, Chudowsky N, Glaser R. (Eds.). Knowing what students know: The science and design of educational assessment (National Research Council's Committee on the Foundations of Assessment)[M]. Washington, DC: National Academies Press, 2001.

[7] Tufte E R. The visual display of quantitative information[M]. Cheshire, CT: Graphics press, 2001.

[8] Hartz S, Roussos L, Stout W. Skills Diagnosis: Theory and Practice. User Manual for Arpeggio Software[M]. Princeton, NJ: ETS. 2002.

[10] Item response theory: Parameter estimation techniques[M]. CRC press, 2004.

[11] MacEachren A M. How maps work: representation, visualization, and design[M]. Guilford Press, 2004.

[12] Kahn P, O'Rourke, K. Understanding Enquiry-Based Learning, In Barrett, Mac Labhrainn, and Fallon (Eds.), Handbook of Enquiry and Problem-Based Learning[M]. Galway: CELT. 2005.

[13] Cognitive diagnostic assessment for education: Theory and applications[M].

Cambridge University Press，2007.

[14] English L D. Children's strategies for solving two-and three-dimensional combinatorial problems[M]//Stepping Stones for the 21st Century. Brill，2007.

[15] National Research Council. Taking science to school：Learning and teaching science in grades K-8[M]. Washington：The National Academies Press，2007.

[16] Garfield，J. and Ben-Zvi，D.. Developing Students' Statistical Reasoning：Connecting Research and Teaching Practice[M]. Springer. 2008.

[17] Tatsuoka，K. K. Cognitive Assessment：An Introduction to the Rule Space Method. [M]. Abingdon：Routledge. 2009.

[18] Rupp A A，Templin J，Henson R A. Diagnostic measurement：Theory，methods，and applications[M]. New York：Guilford Press，2010.

[19] National Research Council. A framework for K-12 science education：Practice，crosscutting concepts，and core ideas[M]. Washington：The National Academies Press，2012.

[20] Clements D H，Sarama J. Learning trajectories in mathematics education[M]. Hypothetical Learning Trajectories. Routledge，2012.

[21] Tran D.，Lee H. S. The difference between statistics and mathematics[M]. Teaching statistics through data investigations MOOC-Ed，Friday Institute for Educational Innovation：NC State University，Raleigh，NC. 2015.